먹갈치의 은빛 유려한 칼춤을 보아요

시작시인선 0536 먹갈치의 은빛 유려한 칼춤을 보아요

1판 1쇄 펴낸날 2025년 6월 30일

지은이 조수일
펴낸이 이재무
기획위원 김춘식, 유성호, 이형권, 임지연, 차성환, 홍용희
책임편집 이호석, 박현승
편집디자인 김지웅, 장수경
펴낸곳 (주)천년의시작
등록번호 제301-2012-033호
등록일자 2006년 1월 10일
주소 (03132) 서울시 종로구 삼일대로32길 36 운현신화타워 502호
전화 02-723-8668
팩스 02-723-8630
블로그 blog.naver.com/poemsijak
이메일 poemsijak@hanmail.net

ⓒ조수일, 2025, printed in Seoul, Korea

ISBN 978-89-6021-812-3 04810
　　　978-89-6021-069-1 04810(세트)

값 11,000원

*이 책 내용의 전부 또는 일부를 재사용하려면 반드시 저작권자와 (주)천년의시작 양측의 동의를 받아야 합니다.
*잘못된 책은 바꾸어 드립니다.
*지은이와 협의하에 인지는 생략합니다.

먹갈치의 은빛 유려한 칼춤을 보아요

조수일

천년의 시작

시인의 말

반짝이던 오색층계, 시와 시인은 제게 독배였을까요
쏟아진 후 줄듣 흘러내리는 4세로 퇴행한 몸을 붙들고
외벽이 노란 재활병원에서 몇 계절을
꾹, 꾹, 숨어 읽었던지요
꿈을 좇는 허영으로 살아갈 힘을 얻는 먹갈치 한 마리가
어쩌면 저였는지도 모르겠습니다
걷는 것이 허영처럼 요원했던 시간들
늦되고 느렸지만 끝내는 걸었고
내 짠 눈물을 받아먹고 자랐다는 듯
시는 저를 다독여 주었습니다
복병처럼 급습했던 저의 불우와 불구를 치유해준
시가 있어 걷그 걷습니다
다족류의 슬픔이 저를 이룬 근간이었으니까요
반려일 나의 당신이 있어 행복합니다

천년 목사골 배맷산 아래 들녘에 기대어 사는, 조수일
2025년 6월에

차 례

시인의 말

제1부 돋는다

통정마을을 지나며 ──── 13
먹갈치 ──── 14
회화나무의 전언 ──── 16
금성관에 서서 ──── 18
카무트 ──── 20
소확행 ──── 22
돋는다를 목도 ──── 24
쇠락을 읽다 ──── 26
신귀거래사 ──── 28
토계리 달력 ──── 30
샤갈의 쪽창에 갇힌 여자 ────32
쑥 ──── 34
노을에 들다 ──── 35

제2부 고이다

할미꽃 신호등 건너다 ──── 39
박주가리 그녀의 옥탑방 ──── 40
나의 버뮤다, 팔랑귀 ──── 42
연리목 ──── 44
대장장이 아버지 ──── 46
느러지곡강에서 ──── 48
고이다 ──── 50
청보리밭에서 ──── 52
곤포사일리지 ──── 54
구절초 삽화 ──── 56
밥상 ──── 58
팔손이 ──── 60
어느 무명 시인의 시론 ──── 62
건덕터널을 지나며 ──── 65

제3부 논하다

물방울 여자 ──── 69
우화를 꿈꾸는 숭어 떼 ──── 70
명아주 키우는 남자 ──── 72
동적골 다님길에서 ──── 74
섶다리 배후에서 ──── 76
들독 ──── 78
어떤 낱자, 舌의 탈구증을 논하다 ──── 80
속눈썹 줍는 여자 ──── 82
정령치에서 ──── 84
둥근 발소리 ──── 86
루드베키아 ──── 88
사각지대 ──── 90
우박 ──── 92
장미의 시간, 월경을 마치며 ──── 94

제4부 스미다

능소화 ──── 99
어린 들꽃을 위한 레퀴엠 ──── 100
파꽃 ──── 102
자이언트 트레발리 ──── 104
플라비아 ──── 106
나의 피그말리온 ──── 108
소소한 바램 ──── 110
눈과 잔설 사이에서 날이 저물다 ──── 112
은행나무 아래 그네 ──── 114
내 오월의 무등 ──── 116
들다 드니 들거 ──── 118
동백나무 아래 꽃무릇 ──── 120
시몬의 뜰에 앉아 ──── 122
스미다 ──── 124

해 설

송기한 고향의 일상에서 걸러진 영원 ──── 126

제1부 돈는다

통정마을*을 지나며

도로변 입간판이 통정마을이다
얼마나 정이 흘러넘쳐 흥왕하면 통정일까
화살표를 따라 나, 도둑고양이처럼 마을에 스며들고 싶었네

골목마다 홍등이 호객하고 추파를 던져오면 모른 척 이끌려
정분이 나고 통정을 하고 머리칼 쥐뜯기고 주리 틀려 멍석말이를 당해 피 철철 낭자해도
아프지 않을 사생아 열쯤 낳아 들소처럼 신명 나게 숨어 키우며
발각될까 들킬까 노심초사 소스라치게 살아내는
다시 꽃물 올라 수태 가능한 여자이고 싶어라

* 나주시 산포면 마을 이름.

먹갈치

야행성이었다
달이 뜬 후에야 낡은 통통배를 밀고 바다로 향했다
대낮엔 모래 속이나 펄 바닥에 엎드려
밤을 기다리는 갈치를 닮았다
딱 한 번 흙탕물에 발이 빠졌을 뿐인데
당신의 얼룩은 평생을 따라붙었다
어둠이 더 편한 밑바닥의 생
북항의 밤은 늘 멀리서 찬란하였다
날렵한 지느러미에 주눅 든 새끼들을 싣고
밤하늘의 유성을 따라가고 싶을 때도 있었을까
은빛의 유려한 칼춤으로
자신의 바다에서
단 한 번도 刀漁가 되어본 적이 없는 아버지,
갈라 터진 엄마의 울음이 뻘밭에 뿌려지던 날
마지막 실존이었던 銀粉마저 다 털려
유영의 꿈을 접었던
평생 들이켠 바다를 다 게워 내느라 갑판 위가 흥건했다
짠물을 다 마시고도 채우지 못한 허기
삶을 지탱하는 힘이 어쩌면
꿈을 좇는 허영인지도 모른다

바다의 깊이를 가늠하지 못한 갈치 떼
가쁜 숨 몰아쉬며
눈먼 만삭의 어둠 속에서 습관처럼
살점 저며 주고 뼈만 남은 먹갈치 한 마리,
또 한 번 서툰 몸짓으로 비상을 꿈꾼다

회화나무의 전언

환부는 깊었다
옛 청사 어귀,
선 채로 산화하는 그를 아무도 눈치채지 못했다
절반쯤 허물어졌을 때 사람도 매스컴도 요란해지기 시작했다
목에 걸린 명패는 현장을 지켜본 증인이라는 것
무참히 목이 꺾인 꽃 이파리 하늘을 가리고
찢긴 꽃들의 알몸이 태극 문양 홑겹 가슴 섶에 싸여
지하로, 지하로 내려가던 날들의 목도
환해야 할 상처 부위를 위해
아직 먼 생생한 아침을 위해
살려내기 위한 운동이 전개되었다
도려낸 환부에 철심이 박히고 링거가 걸리고
흰 가운을 입은 주치의도 동원되었다
쾌유를 비는 살풀이와 갖가지 이름의 제가 번갈아 올려졌다
회생의 조짐이 없는 낙담이 도심을 휩쓸고
흉흉한 눈빛과 한숨이 더러 광장을 메우기도 했다
임금님 귀는 당나귀 귀라고, 단 한 번
우렁진 소리를 만들지 못해

항쟁의 시작부터 끝까지 5월 광주를 말없이 지키며
마지막 보류지를 사수하려 입과 귀를 닫고
그의 성마저 깜깜히 닫아버린 회화나무 한 그루,
떨어진 꽃 이파리들 울컥울컥 핏빛 조사弔詞를 읊고 있는
또다시 오월이여

금성관*에 서서

천년 도시 나주목의 객사 건물 앞.
그 오랜 옛날부터 협상지로 집결지로 현장의 목격지라네
옛 구 읍성의 복판을 지키고 서 있었네

누군가 목숨처럼 밤새워 지켜냈을 토담성엔
옛 성읍의 붉은 깃발들만 펄럭이고 있네

돌아보면 나의 낭군이기도 하였을 이름을 얻지 못한 군병의
몰아오는 말발굽 소리가 두두두, 땅속으로부터 들려올 듯도 해

멀리 파발처럼 오는 세월을 나는 자꾸 뒤돌아보며 홀로 주춤거렸네

퍼렇게 얼굴 언 갓난쟁이를 둘러업고 사립문을 마냥, 서성이면
달려와 줄 것 같은 오랜 나의 낭군이여

꽃피워 보지 못한 미궁에 빠진 사랑 하나를 이루려
오랜 연인이라 이름하는 여인 하나가
거기 흐미한 우물에 얼굴을 박고 오래오래 볕서고 있었네

비단처럼 순한 사람들이 딛고 사는 대지 위로 후드득, 떨어지는 뒷마당 은행알 낙과 소리,
울음처럼 깔려 깃드는 금성산의 붉은 날숨, 저물녘여라

* 나주목 객사 건물 이름.

카무트

쌀알도 밀도 귀리도 아닌 밀 모양의 길쭉한 황금색 곡물
고대 이집트 4천 년 무덤에서 발견한 12개의 씨앗
햇볕도 들지 않는 컴컴한 흑암을 견디고도
싹을 틔우고 번식하여 호라산 밀 카무트란 새 이름을 얻어
어엿한 곡물로 등극하고 몸값마저 급상승한
금값의 슈퍼 곡물이라니
착한 탄수화물 바른 곡물의 온갖 수식이라니
고대 원시 이집트에서 날아온 것만 같아 한 알을 가만 쥐어본다
생김새도 남다르다
왕의 곡물이라는 이 작은 한 알이
어쩌면 파라오의 날숨과 순금의 왕관이 지켜낸 것 같아
소년 왕 파라오의 못다 이룬 꿈이며, 사랑이며 치적이며
순금관으로 쌓인 채 고스란히 생전인 듯한 모습으로 발굴되었다는
믿기지 않는 믿어지는 사실에 슬픈 왕조처럼 자꾸 눈에 밟힌다
이루지 못한 채 두고 갔어야 하는 한숨이며 그림자며
달콤했던 입맞춤이며 격정이며 아름다워 슬픈 비련의 소

년 왕 투탕카멘의
　날숨과 그림자여 비운이며
　내 것이었으나 네 것이 아니고만 슬픈 눈의 왕후여,

소확행*

밑동만 드러난 억새밭이 살얼음으로 반짝인다
발 디뎌보고 싶은 충동과 만져 보고픈 욕구 사이를 잠시 저울질하다
논두렁 걷듯 걸어보는 베맷 호수 공원의 산책길
졸졸졸 물 흐르는 개울물을 끼고 따라 걷는 유쾌한 청량음이라니
난생처음 보는 수크령 군락을 지나고 꽃의 시절을 다 떠나보내고 꼬투리만 남은
색이라곤 찾을 길 없는 구절초와 쑥부쟁이 군락을 지나고
지난여름의 호시절이 더듬어지는 옥잠화 군락을 지나고
다정큼나무, 복자기나무, 꽃댕강나무 드문드문 선 나무들의 명찰을 도감 읽듯 따라 읽는 삼매경이라니,
뒤돌아보니 살얼음 낀 억새밭 위로 길 떠나는 한 무리 철새들이 그리는 찬란한 화필이라니,
흐트러지지 않으려 V형의 어떤 갸륵한 질서를 지키며 무리 지어 날고 있다
질서를 이뤄가는 보일 길 없는 조류의 고단한 눈물방울 같은 저 거룩한 연대

소소하나 확실한 삶의 운치라고 주억이며 걷는 겨울 산책길 아침. 윤기 흐르는 풍요의 결,
　소확행이라고 ㅁ-침표로 방점 찍듯 종결하는 아침이다

* 소소하나 확실한 략복이라는 신조어.

돋는다를 목도

길 위에서 길을 잃었네
가까워질수록 마음이 도망을 치는 곤혹이었네
포충사 푯말을 지날 무렵
어스름이 몰려오고
폭넓은 도로변 가로등 일순, 환히 돋아났네

돋을까? 당신도?
얼얼해져 답 없는 반문을 홀로 중얼거렸네
돋는다는 것은 커진다는 어원일 텐데
왜 까닭 없는 통증이 일어서는지
먼 마음 하나가 돋아나 주길
어느 골목을 돌아 나오다 아프게, 빌기도 했을까
속도를 잃고 휘청거린 것은 길이었는지, 나였는지

생각이 차단되는 터널을 지나고
은빛 지느러미 떼, 출렁이는 비닐하우스 군락을 지나고
차창 밖 멀리 엎드린 광이리 마을의 불빛들
하나둘, 돋아나는 나였네
슬픔의 진원을 등지고
돌아갈 곳을 찾아 두리번거려지는

나의 귀소歸巢는 어디일는지

슬픔이 돋고 뿌리가 돋고 먼 산이 돋고 오소소 떠는 나뭇가지에 얹힌 저녁이 돋고
당신이 돋고 내가 돋고 이윽고 참새 같은 눈물이 돋는,

문득, 잊고 산 안부가 궁금해지는
아픈 저녁이 돋고 있었네

쇠락을 읽다

여름내 무성하던 텃밭이 가을로 접어들자 색을 잃어 갔다
늘 향긋함을 내어주던 깻잎도 색이 바래 거무스레 고스러지고
넌출 넌출 푸른 잎을 내어주던 호박잎도 시들시들해지고
지구의처럼 둥글어 가던 호박도 짓무름을 못 견디겠다는 듯 주저앉고
가지도 몸을 비틀다 못해 터진 듯 희끄무레한 반점투성이다
오이잎도 말라 고스러지고 고구마 순도 흰 살을 다 내놓고 엉킨 채 시무룩하다
고추는 새빨개지다 색의 끼를 못 참겠다는 듯
흙바닥에 자신을 뚝, 뚝, 다 떨구고 풋고추는 찾을 길 없다
고추밭은 허옇게 말라가는 미라들이 봉분처럼 소복하게 쌓여간다
숨이 붙어 있는 한, 태동기와 흥왕한 전성기도 끝물로 가는 쇠락기도 있을진대,
근근이 버티고 섰던 텃밭이 때 이른 서리가 한 차례 다녀가자, 야단법석이다
참혹한 황폐, 죽어 나자빠진 것들의 집합소 같은 처참한

끄트머리라니,
　아침저녁 끌던 슬리퍼 소리를 즐겨 들으며 자랐을 한때 놀이터였던 텃밭,
　어김없이 가고 오는 생의 순환의 주기가 문득 터진 물집처럼 아파,
　무럭무럭 쇠락해 가느라 습골의 시간을 덮고 누운 텃밭을 돌아 나오며
　생장점의 한계처럼 나도 푹, 시들었을까

신귀거래사

매일 달이 뜬다는 매월동을 지나요
길가 전평제 연방죽이 꽃을 피워 손짓해요
진흙뻘에서 금방이라도 발을 빼내며 수인사를 건네올 듯 방긋거려요
해안선을 닮은 듯 휘어진 국도가 펼쳐져요
달뜬 내 발길을 제어하느라
자꾸 커다란 붉은 눈이 날 향해 깜빡거려요
건너편엔 꽃과 유실수들이 명찰을 달고
간택을 기다리는 듯 다소곳한 묘목상이 보여요
주유소를 지나면
들판 중심에 어질머릴 앓듯 아파트가 서 있지요
온통 은갈치 떼 뛰노는 하우스 군락인 대촌리엔
갖가지 채소들이 풋내를 풍기느라 또 부산스럽지요
혼자 읊어보는 상상력의 증폭 점인 광이리엔
아마 고대 마한 시대 어디쯤
이리 떼가 뛰노는 서식지가 아니었는지
수천 년 거기 있어온 地名은 말이 없고
몽상가인 내 몸집만 자꾸 부풀어 가요
사거리 우측엔 고즈넉이 드들강 강물이 흐르고
군데군데 어깨를 맞댄 물풀들이 섬처럼 一家를 이루고 살

지요

　산포 들을 지나고 언덕배기에 오르면 금빛 모래알이 흐른다는 금천 물길을 지나면
　비단을 휘두른 아름다운 나의 고향 목사골로 접어들지요
　벚나무가 사열 중인 강변도로를 달리면
　아, 어쯔면 평화르이 누운 나의 마을이 보여 와요
　입가 웃음꽃 벙글어지는 내 태생지 들녘 토계리, 토끼촌이

토계리* 달력
-인디언 달력, 정일근 시인의 은현리 달력을 흉내 내어

1월 영산강 들판이 온통 설원으로 뒤덮인 달

2월 눈을 뚫고 보리가 파릇파릇 실눈 뜨는 달

3월 보리밭을 밟으러 아이들이 들판으로 몰려가는 달

4월 배꽃향이 흥건하고 간니 같은 잎들이 돋아 들판이 초록 물결인 달

5월 보리의 가시랭이가 날을 세우며 덤비는 달

6월 마당 가득 보릿단이 노적봉처럼 쌓여 미끄럼틀 타고 노는 달

7월 무논이 커다란 거울이 되어 개구리들 합창 소리에 잠들지 못하는 달

8월 영산강 강가로 모래찜질하러 가고 미루나무가 은빛으로 반짝이기 시작하는 달

9월 밤송이가 익기 시작하고 구절초를 따라 마냥 걸어지는 달

10월 배추의 속이 차기 시작하고 낙엽 아래서 첫사랑이 떠올려 지는 달

11월 추수 끝난 들판이 텅텅 비어가고 김장을 서두르는 달

12월 눈이 날리기 시작하고 고드름 빨며 홍기네 산에서 비닐포대로 썰매 타며 놀다 배고픈 달

* 전남 나주시 영산강 강변의 마을 이름.

샤갈의 쪽창에 갇힌 여자

두타산 아래 산동네에서 여름을 나던 때,
산 높이만큼 어둠은 서둘러 떨어졌고
저녁 없이 곧장 칠흑 같은 밤으로 직진만 있던 때,
내린 밤의 깊이가 궁금해 돌아서면 손바닥만 한 쪽창이 여자의 유일한 숨구멍이었다
방충망 가까이 얼굴을 디밀면 시원한 바람의 날숨이 훑고 가던
산중에선 가로등이 희귀본 이어 멀리 도로변 가로등 하나만 환히 서 있곤 했다
여자가 얼굴을 방충망 창살에 대면 어디선가 커다란 나방 한 마리가 날아와
방충망에 날개를 붙이고 파르라니 어깨를 떨곤 했다
떨던 어깨가 오른쪽인지 왼쪽인지는 읽을 수가 없었다 어둠은 철면피였으므로,
방충망에 막혀 들어올 수 없는 나방과 나갈 수 없는 여자 사이 간극은 얼마쯤이었을까
씩씩하게 걸어 나가 고인 어둠을 휘젓고 싶었으나
가끔 산에서 내려오던 뱀의 출몰은 여자를 더 얼어붙게 했으니
누구는 옥상에 누우면 무리 지어 잔별들이 쏟아지는 별

빛 농원이라는데
   스테인드글라스 샤갈의 마을 쪽창이라 우기는 여자
   응시할수록 더 귀먹어 가는 삶의 발목, 각오들은 매일 생성과 생몰을 반복하는데
   쏟아질 듯 위태로운 붉은 갯벌의 눈이 그녀였을까 나방이었을까
   언젠가는 그녀의 착한 소진을 위해 배후여야 하는 별들이 산란하는 푸른빛 마을
   아슬아슬한 밑 모를 어둠을 찍어 맛보며 간 보며 여자는 못 말릴 욷망으로 폭, 시들고 있었을까
   팽창하고 있었을까 거꾸로 공중을 걷는 샤갈의 여인이었을까
   산골의 밤만큼 느리고, 굼뜨게
   돌아갈 길 없는 출구 잃은 야생이었다

쑥

극한을 건너온 당신을 보았습니다

희디흰 간니 내보이며 돋고 있었습니다
갇혀 어두웠을 몸 밖 긴 은둔에 대해 생각했습니다
아프게 흘렀을
한 번쯤 가라앉고도 싶었을 한때의 음습,
묵은 지하의 시간으로 야위었을 흰 발목,
그 오랜 정박에 대해 생각했습니다

갓난아이의 햇솜처럼 벙글어져
봄 햇살 기울기 따라 수줍게 흔들리는 몸짓이
어쩌면 냉기를 다 받아낸 자의 민낯 같습니다

더디 오는 생의 무게를 받아내느라 막막했을 불모의 시간
손가락 끝 부르트게 밀어냈을,
첩첩산중 생오지의
둥글게 부푼 한 평 남짓 땅, 그리고 돋는 연초록 입술

마음 부옇게 휘젓긴 채 구겨 앉아
오래도록 나, 당신에게 기울고 싶었습니다

노을에 들다

대문을 열고 나오려다 멈칫, 숨을 죽인다
주차된 차 후미 귀퉁이를 잡고 바스러질 듯 서 있는, 옷깃이 보인다
비둘기색 양복 바짓단 헐렁거림이 보여 온다
비스듬히 차체에 기댄 주렁이 보이그
주렁 끝 손잡이처럼 곡진하게 굽은 등이 보인다
노신사, 볼일 보는 중이다

오줌발, 얼마나 곤궁스레 수척이 말랐는지 소리도 없다
뒷바퀴를 방울방울 새의 눈물, 그것처럼
타고 흘렀을 생의 끝자락이 보인다
비척비척 걸음을 뗀다
애가 타는지 얼굴 벌겋게 달아오른 해가 골목을 붉게 물들인다
잦은 잔바람에 이제는 노쇠해져 훌렁훌렁 넘어지는
집집마다의 노송 한 그루, 지금 노을 속으로 들고 있다

문 틈새 담벼락 타고 막 피어오르던 덩굴장미의 먼 산 보던 눈가,
벌게진다

제2부 고이다

할미꽃 신호등 건너다

봄빛에 끔뻑 졸던 사이, 허리 기역으로 휘어진 할미꽃 한 포기
신호등 건너고 있네

황급히 몸 일으켜 나오느라 함께 딸려 온
어느 산기슭 뿌리 담갔던 보슬한 흙들
발자국 따라 도로 위로 보랏빛 흙들 큼직이 찍혀지네

한 셍, 앞서 들고 가던 마른 지팡이
가쁜 숨 몰아쉬며 따라오는 ㄱ으로 꺾인 생의 음소 끝
서글픈 육신의 쇠잔함 그 끄트머리를
멈춰 서서 돌아보고 서 있네

해가 다 기울어 가고 있네

차 안에서 깜박거리는 초록등 점멸할까
애태우는 발밑으로
어둠 물컥, 밟히네

박주가리 그녀의 옥탑방

강원도 산골 관대두무로 1058번 길 지방 국도변
전봇대를 휘감고 공중에 집을 들인 박주가리 금꿩이 넝쿨을 봅니다
비빌 언덕도 발 디딜 버팀 옹이 하나 없는 벼랑을 온몸으로 껴안고
간절함이 세운 집 한 채,
무시무시한 고압이 흐르는 제어함도 덮고 최상부
가공선 변압기통까지 휘감아 피뢰기 단자 커버까지
방을 들여 1주택 다세대로 피붙이를 껴안고 사는 그녀의 발꿈치를 봅니다
마흔 줄에 고소공포증이 심한 그녀를 위해 그녀의 남편은
단층의 집 한 칸을 물려주었는데 아이들 일곱이 커 갈수록
그녀의 거처는 높아만 갔지요
홀시어머니와 일곱 자식도 모자라
몸이 딱 이등분된 반신불수의 언니 부부를 데려와
아들 방 내주고 수염이 거뭇한 아들들 포개 재우며 오갈 데 없는
조카 둘까지 도시락을 아홉 개씩 싸면서 종종거리며 산 사람 구실과 도리를 입에 물고 살던 오지랖이던 여자,

종종거리며 손 벌렸을 지난했을 저 가난이며
바람이 훑고 지나는 겨울밤엔 위태로움으로 몸 떨었을
좌절 깊었을 드난살이의 해답 없는 밤들이며
자식들 몰래 앙다물었을 그녀의 굴절의 밤들
사방 발밑이 벼랑이라 서서 자면서도 씩씩했던 그녀의
얼굴빛이 늙은 덩굴처럼 샛노래 갑니다
건기를 맞아 강을 건너야 하는 누 떼의 행렬만 같습니다
난간으로만 내몰려 불안의 기미인 핏줄들 그러모으는
뼈마디 앙상한 손가락 위로
늦가을 볕 한 줌이 내려앉습니다

나의 버뮤다, 팔랑귀

오래 가물었나 봅니다
버석거리고 실금 지기 시작한 지 오래입니다
가뭄 든 마음을 들키지 않으려 키운 적 없는 머리칼을
야자수 잎처럼 늘어뜨리기도 했습니다
허술한 나를 비집고 취약지 통점 건드리듯
툭, 밀치고 들어온 발 없는 말에 나는 또 낟알처럼 털리고 말아
빈털터리로 나앉고 말았습니다
본시 내 귀는 뼈라고는 없는 습자지 같은 귓바퀴 말랑한 팔랑 귀였습니다
늘 아침을 밀어 올리느라 기진한 나팔꽃이었습니다
여과기 없이 나를 돌아 나온 달콤한 말은
나를 저격하고 횡단하여 들키게 될 어제가 되고
아픈 결국이 되고 맙니다

들판이었습니다
나는 무엇이 되고 싶어 두 팔을 힘껏 벌린 풍력이었습니다
감은 눈 속으로 두툼한 얼굴이 끼어듭니다
불어오는 쪽으로 흉곽이 들리는 심호흡을 합니다

맨 처음의 발원지는 어디일까요
가본 적 없는 아마존 밀림의 나비 한 마리 퍼덕거림이었을까요
좁아터진 서간이었으나 다 가두고 싶었습니다
아, 바람이었던가요
향기롭던 한때의 도취
포획은 한나절 꿈이었으므로
스스로 배회하는 돌들을 뭉쳐 붙박인 기가 될까 봐요
눈도 꿈적 않는 거대한 밀원의,

연리목

천년 목사골 나주, 한수제 오르는 길목 마중 39-17 카페에 가면
사랑 나무가 있지요
맞닿아 합일이 피워낸 세월의 꽃, 그 아득함을 몸으로 일러주는
회화나무와 느티나무의 맨밥처럼 목이 멘 사랑이 있지요
태초엔, 담장 아래 따로따로 심겼더래요
의도하지 않았는데 마음이 마음에게로 흘러
기어이 맞닿아 허공 속 타래처럼 각자가 서로인 듯한 몸으로 휘감겨
하늘에 이르는 길을 내고 만 역사가 있대요
뿌리와 뿌리는 가닿고 싶어 얼마나 많은 밤들이 그리움으로 야위었을까요
이루지 못할까 앓은 난독증의 밤들과 얼룩진 시간의 몽유는 또
얼마나 애달았을까요
향교의 담장도 거뜬히 넘어서
바람 한 점 스밀 틈 없는 그네들의 합일이 피워낸 간절한 인연의 꽃,
자기가, 라는 우연한 호칭이 날아와 미늘처럼 박혔던가

요

   숫기 없는 가슴은 여름 미루나무처럼 얼마나 쿵쾅댔던 가요

   도리질에도 가슴은 빗장을 풀어 흐르고 흘러 먼 묵묵한 당신께로 줄행랑쳤을까요

   중세의 백작 같은 당신이 드리운 은유의 날들

   포말 이는 입술을 맞댄 물고기들의 동거처럼 유영처럼

   그네들 회화나무와 느티나무처럼 아름드리 당신을 휘감고

   낯선 이국의 밤거리를 홍등처럼 눈물처럼 매달려 연인이란 이름으로 우리, 한 철을 묵어갈 수 있을까요

   늘 저만큼의 당신 같은 바람의 빈궁한 유배처에서

   그리움으로 피어나는 야윈 밤을 지나고 나면

   당신이 모르는 꽃으로 내가 숨어 피어도 단박에 나를 알아보고

   그 옛날 꿈결처럼 날아와 박히던 자기가, 호칭으로

   호명해 줄 꽃의 날이 와 줄까요

   밀서의 계절 같은 저만큼의 당신이여,

대장장이 아버지

무뎌지고 뭉뚝해진 것들만 아버지의 몫이었다
촉수 낮은 백열등이 어룽대는 밤바다 기슭,
종일 말 없는 소리만 듣고나는 곳에서
아버지는 굽어진 생을 두들기고 계셨다
망치질이 멈추면 해수면도 기울기를 멈출 것 같은 긴장
몇 번의 깊은 한숨이 문턱을 새어 나오면
쉬익, 쉬익,
생을 가르는 쇳물 소리
그건 아버지 몸속에 들어 찬 속울음 같기도 했으리라
문틈으로 들여다보면
검게 번질거리던 개펄 같던 아버지의 민낯,
비빌 언덕 한 평 없는 아버지가
맨몸으로 건너던 검은 밤바다였으리라
소용없는 보습을 끝내 다듬으면서도
자신의 굽은 날들은 한 번도 펼 줄 몰랐던 아버지
담금질한 삽이며 곡괭이며 쇠스랑은
밭떼기 채 갈아엎는 데 쓰이거나
목청 쉬게 구호를 외쳐도 이내 더 큰 목소리에
 묻혀버리고 마는, 광장 복판 종주먹들의 표상이곤 말았
다

없는 길만 두들기다 이내 한 평 어둠으로 눕고 만, 아버지
뙤약볕 아래 파도처럼 누운 나,
좍, 그런 나를 읽고 가는
북항의 소음들은 여전하다
짠 내 속에는 소금기만 배어 있는 건 아니었다

느러지곡강*에서

담양의 용추봉이 발원지인 영산강은
드넓은 나주평야를 적시며 흐르다 넓어진 강폭으로 유속이 느려져 속도를 잃고
소낙비가 내려도 뛸 줄 모른다는 조선 양반님 같은 천하태평 걸음새 한량으로
옆구리 끼고 거느려 온 흙이며 모래며 식솔들, 힘에 부친 듯
예, 곡강에 이르러 한 호흡 가다듬고 심호흡을 하였다네
재빠르지 못하고 늘 부진아로 늦됨을 애태우며 숨 가쁘게 달려온 나를 부려놓고
느릿느릿 느린 뒷짐 진 선비의 한량스럼을 배워
느리고 느린 느러지 유속이고 싶네
세월이 퇴적되고 쌓이면 나도 느러지 같은 갸륵한 어떤 형상을 이뤄
두고두고 아껴가며 읽는 고전이 되는지
버리지 못하고 끌어온 슬픔의 잉여 퇴적물은 기필코 춤추는 뮤즈의 흰 발목 미라클이고 말,
느러지 전망대에 서서, 휘돌아 가는 천년의 영산강에 기

대어

느린 적멸로 현묘한 버뮤다를 이루고야 말 창세의 기원을 꿈꾸는 강줄기처럼 나는,

옛산강의 태연자약을 베껴 입을 테니, 느림의 미학으로도 낱낱이 아름다운 느러지의 오후여,

* 영산강의 비경, 나주시 동강면의 한반도 모형.

고이다

한 번쯤 고인다면 그게 당신이면 좋겠다고,

터널을 지나자 희미한 맥박처럼 들려오는 소리
시들었던 귀가 열린다
산은 어둠을 입고 잠이 들었는지 고요하고
몸빛 검은 양쪽 산을 끼고 얼마를 달렸을까
다시 변주곡처럼 들려 나는
울창한 개굴개굴
각자의 슬픔인 듯,
종족의 슬픔인 듯,
밥물처럼 들끓어
깜깜한 여름밤을 다 떠메고 갈 듯 맹렬한 저 그악
흰 이마에 고인 단단한 어둠이 다 지워진다

 늘 둥근 고요인 당신에게 가닿고 싶었던, 숨겨지지 않아
안달하는 한나절 그리움 같은
　모습은 없고 열망만을 밤하늘 가득 쏘아 올리는 밀집에
　발목이 묶인 듯 차를 세우고
　논둑에 기대어
　긴 당신을 듣는다

희부연 무논 가득 얼비추는 가로등만 졸린 듯 껌뻑이고
시름에 잠긴 먼 하늘도
당신도,
말이 없다

청보리밭에서

오월, 청보리밭에 갔네
햇살은 혼곤히 갈라져 내리고 있었네
수많은 인파들 보리밭에서 서서 혹은 보리처럼 키 낮춰
보리피리를 불며 추억을 불러들이고 있었네

해거름 녘이면 어김없이 골목에서 노는 아일 불러들이던 조모가 웃고 있네
돌확, 아이의 손끝을 몇 번이고 짓이겨 놓곤 하던 보리쌀 그 텁텁한 소용돌이를 기억하네
손끝 팅팅 불어오를 즈음에야 빳빳한 삭신을 버리고 온순해지던 거룩했던 식량을 기억하네
손아귀에서 입속에서 미끌미끌 추어처럼 잘도 빠져나가던 매끼, 뜨거움을 기억하네
장독 귀퉁이 돌확 언저리에 감질나게 내려앉던 토막 난 흰 햇살을 기억하네
돌확 속에서 게워 내던 보리의 눈물이 아이의 눈물 같기도 했던,

뭉텅 지워졌던 시간이
청보리밭 가시랭이 끝에서 맑은 웃음 가득 한들거리고

있네
　남루함들, 발밑 그리움으로 돋아나네

곤포사일리지*

가을걷이가 끝난 들판
황량하고 고적한 논두렁의 하얀 뭉치들
흰 비닐에 동그랗게 말린 소의 끼니가
논두렁 곳곳에 떨궈져 있다

소여물이 될 볏짚 뭉치들
저물녘이면 마당은 볏짚 써는 소리로 소란스러웠다
대를 이어온 검은 무쇠솥에 할머니는 잘 썰린 볏짚을 넣고
쌀겨를 켜켜이 끼얹어 소죽을 끓이곤 하셨다
굴뚝에선 흰 문양의 꽃숭어리가 피어나고
밥 냄새를 맡은 소는 외양간 칸막이 사이로
붉은 혀를 늘어뜨리고 끈적한 침방울을 흘리곤 했다

찔레꽃이 필 무렵
엄마는 갓난쟁이 동생과 나를 데리고 미영밭으로 향했다
동생에게 젖을 먹이다가 양이 찬 것 같으면
동생을 떨궈내고 밭고랑으로 사라져 버렸다

차갑고 싸늘했던 손놀림
그 매정함마저 허기졌던 우린 차돌처럼 단단히 여물어 갔다

* 청초, 볏짚, 보리 따위를 비닐로 밀봉하고 혐기 발효를 유도하여 제조한 사료.

구절초 삽화

지금쯤 어느 하늘 아래를 지나는 중일까요

살날도 얼마 남지 않았는데 밋밋하게는 더는 담겨 있을 수 없다며 주섬주섬 떠난 후 몇 번의 계절이 바뀐 걸까요 당신이 두고 간 도심은 연일 최고치를 경신하며 타들어 가고 있습니다 아침마다 넓은 생기를 보여주던 호박잎도 오이 넝쿨도 혀를 쑥 내밀고 말았습니다 오후 슬리퍼 차림으로 간간이 걷던 마을 입구 옥수수도 기진한 듯 누런 치맛자락을 힘없이 늘어뜨린 채 누웠습니다

이사를 오던 해 가을 무렵, 옆 마을을 지나다가 농한 지인 듯 보이는 땅에 흰빛인 듯 연보라인 듯 숲을 이룬 구절초밭을 지나던 적이 있지요 꿈에서 본 몽환적인 흰빛 무리라며 허리춤 낮추고 앵글 각도를 맞추었던가요? 이슬만 받아먹고도 아홉 마디 꿈을 늘려간다며 향기를 킁킁거리다 불현듯 알프스 고산을 허밍으로 불러내었던가요? 당신의 꽃을 만나 보았나요 에델바이스, 이국의 구절초인 듯 어머니의 웃음인 듯하는,

어린 당신 속으로 들어왔다는 보랏빛 혹 흰빛 꽃 무

리, 꽃대 밀어 올리는 소리 들리나요?

　마저 흰빛으로 가 나앉기 전, 주섬주섬 마음을 챙겨 들고 구환하시기를요

　마음에 인 박힌 빛은 어디엔들 그 빛으로 피고 지고 다시 피어 기다려 주는 것 아닐까요?

밥상

나는 매일, 허기진 저녁이에요

내게 들러붙은 곤궁은 매일 아침 빠른 인사를 건네와요
안녕은 얼마나 경쾌한 밀어인지 몰라요
우린 벌써 한 몸을 이룬 사이인걸요
후각이 발달한 사람들은 그와 나 사이, 흐르는 냄새를 잘도 스캔해요
궁핍은 나풀거리는 나비 떼인가요
창자가 등딱지에 딱 붙었다는 말, 혹 들어봤을까요?
칭얼거림도 잊었어요
궁색은 스타일을 구기잖아요
욕망도 길들이면 순한 양이 된대요
미각도 후퇴하면 선량한 둔감이 된대요
더 이상 사람들은 혀를 끌끌 차지도 않아요
모두 하루를 견뎌내기 위한 한 끼의 흡입일 테니까요
햇살 속을 걸어본 적 없어
멀잖아 내 몸은 깜깜이 어두워질까요
어둠만 무시로 드나드는 속이 텅 빈 창자는
물컹한 어둠이 자랄 구릉 깊은 서식지일까요

빈곤을 훌러덩 뒤집어쓰고 사는 내 곡기 그 슬픔의 질량, 코이나요?

팔손이

한 장으로 태어났습니다

수심이 건너와 몸을 부렸습니다

수십 갈래로 줄곧 실금이 갔습니다

골짜기가 생겨나고 둔덕이 생겨났습니다

기댈 이름 하나를 얻고자 두리번거렸습니다

손 뻗으면 닿을 듯 반짝이는 숲에서 종종 길을 잃곤 했습니다

어둠은 단숨에 내려 까닭 없이 마음은 벼랑 졌습니다

살점이 뜯긴 이파리로 오래 매달리기도 했습니다

불우한 이름들이 하나, 둘 생겨났습니다

엇나간 생명선, 뚝뚝 끊긴 애정선, 흘러버린 선, 무수

한 선들

 손바닥은 자꾸 갈라져 오지의 길을 내었습니다

 세상 시름이, 길들이 와 몸을 떨다 죽어 나가고 생소한 이름 하나를 얻었습니다

 다섯도 아닌 여덟 그물맥 손바닥의 팔손이,

어느 무명 시인의 시론

시, 시는 시시한 것이 시야
그 시시하고 시답지 않은 시를 쓰겠다고
평생을 매달리는 사람이 시인인 것이고
작고 보잘것없는 시는 말일세,
으리으리 장엄해 보이는 정치나 경제가
힘을 잃어 죽음과 폐허일 때
그때 꽃을 피우고 생명을 틔우는 것이 시 한 편이란 말일세
가장 최후적이고 말지 그 시시한 시가 말일세
그때 위력을 발휘하는 태풍의 눈 같은 저력이 시의 힘이라네
작고 시시하고 시답지 않으나 우주적이게 위대하고 말지

시를 쓰겠다고? 그런 착해 빠진 얼굴로
감히 시를 쓰겠다고?
욕할 줄 알아? 따라 해 봐
개-새- 끼, 힘껏 따라 했던가
진흙탕에서 더 구르고 와
더 타락해서 욕이 입어 붙어 독종이 되거든 와 하던 면박과 일침

벌게진 줄행랑이었을까

코흘리개 초2 때 신문에 시가 실리고
질풍노도의 중학교 시절 시집을 묶어 냈다는
스무 살에 시인 타이틀을 따 한껏 부풀었던 때
순순히 갈래? 끌려 갈래?
무자비한 유린의 시대에 흉악했던 시대에 그만 덜미 잡혀 끌려가
얻어터지고 깨지느라 인생이 좆나고 말았다는
햇병아리 5년 차 시인인 내게 친구 먹자던 40년 관록 천재 K 시인은
그 시시한 시 때문에 죽지 못하고 살았다 했네
아까운 목숨을 살려준 시가 고마워
나는 그만 시의 꽁무니에 대고 넙죽 절하고 싶었네
목숨을 구한 시는 확실히 힘센 거장이고 명의임이 틀림없었네

그 시시하드 시답지 않은 시 한 줄을 얻겠다고
돋보기 걸치고 밤 깊도록 끔벅이고 앉은 나는
눈꺼풀에 얹힌 무거운 어둠을 떨쳐 내며

여전히 시인이고자 돌멩이처럼 진흙탕을 구르며
시나브로 작부 같은 독종으로 진화 중일까

건덕터널을 지나며

 둥근 입구가 보인다 등줄기를 바짝 세우고 바투 자세를 고쳐 앉는다 발끝에 힘이 실린다 붉은 종잇장을 받아 들고 몇 번인가 미간에 맞주름을 접어가던 기억이 뭉쳐와 일침, 이라고 당신을 정립한다

 맹탕처럼 살지 말라고 건더기 있게 살라며 아침을 깨우던 항아리 깨지던 소리
 잠결에 실눈이 떠지고 돌아누운 방 안 들뜬 벽지 아래로 중심을 놓친 벌건 흙들이 흘러내렸다

 문 틈새 무쇠 솥가득 오르는 뿌연 김을 헤치며 엄마는 그릇그릇 바람을 절반이나 끼얹어 아침 끼니를 나눠 담았다 늘 파투만 내리치다 빈손으로 돌아온 아버지, 마루 끝 때 절은 걸레 조각처럼 걸터앉아 빗물에 패어나간 흙 마당만 바라보았다

 어릴 적 풍광은 바래지도 않는 원색 아침저녁 우뚝 선 당신을 지나며 건덕의 반대말은 젊은 날 아버지의 헛탕일까를 갸웃거리다 액셀을 밟는 발에 힘을 모았다

제3부 논하다

물방울 여자

꽃 자욱한 길을 지나왔어요
비가 내리면
형체를 잃은 무형질의 난, 구슬퍼져요
스미고 스며듦이
어쩌면 숙명일지도 모르는 날,
당신은 므척추라 불렀던가요
마냥 흐물거린다고 눈 흘겼을까요
단 한 번, 직립의 꿈마저 꿀 줄 모르는
매일매일 침몰하는 나를
줄기찬 당신,
방류해 주어요
시난고난 몸이 계절을 앓느라
미동을 잃었어요
점멸은 순간일지도 몰라요
무성한 등뼈를 가진 당신,
무쌍의 나를 그만,
훅, 불어 주세요
흩어질 기포로 난 휘발되어
바람이 되고
두성한, 당신이 되고파요

우화를 꿈꾸는 숭어 떼

저물녘, 시장을 돌아 나오다
거친 나무 발 위에 줄지어 누워 있는 숭어 떼를 보았다
토해놓은 비릿한 숨소리가 바람에 섞여 있다

한때 바다를 몰고 오가는 한줄기 파도였다
그 인연으로 뭍에서도 헤어질 수 없는 저 무리
함께 끌려온 바다가 숨을 헐떡인다

비늘에 반짝이던 햇살도 떨쳐내고
어딘가를 응시하는 눈빛들
펄떡이는 심장을 내어주고 소금을 뒤집어쓴 온몸
쓰라렸을 통증이 물집처럼 만져진다

아늑했을 바다로의 회귀를 얼마나 꿈꾼 것일까
날렵한 등지느러미 활처럼 휘고
바닥을 치던 꼬리지느러미 일제히 하늘로 들려 있다

눈 부릅뜬 채 날개 돋친 숭어 떼
막 날아오르려는 듯,

저벅저벅 밀물져 오는 바닷물 소리에 몸 일으키는 저 날 갯짓……

어둠이 내리는 중앙시장 한 귀퉁이 문득, 소란스럽다

명아주 키우는 남자

  입주하던 봄, 숙소 입구에 많이 보아 온 풀들이 키재기를 하며 난립해 있었다
  뽑아내려 하자 남자는 지팡이로 적격인 명아주라며 잘 키워 명아주 지팡이를 노모께 선물할 것이라고 했다
  때맞춰 물을 주며 잎을 따 주는 모습이 눈에 띄곤 했다 몸피가 부풀리게 잎을 따 주고 곁가지를 잘라 주는 중이라고도 했다
  남자가 열 살 때 노모는 홀로 되어 사 남매를 키우느라 안 해본 일 없이 고생했다는 극진히 효자 같은 말을 들어온 터라 아기 돌보듯 명아주를 매만지는 남자의 뒷모습은 경건하기까지 했다
  무거운 대야에 홍합을 이고 행상도 날품팔이도 하시느라 고생한 노모는 퇴행이 와 마음이 아프다고도 했다
  퇴근길에 친구 이름을 부르며 퇴근하는 아버지의 손에 들린 검정 봉투를 바라보며 가질 수 없는 골목의 저물녘은 지금도 잊히지 않는 눈물진 시간이었다고 그렁그렁히 들려주기도 했다 저 가느다란 풀이 어느 날쯤 지팡이 두께로 몸집이 굵어질지 걱정이 앞서곤 했다
  가볍고 단단해 장수의 상징이라는 명아주 지팡이,
  밤새 휩쓸고 간 태풍에 허수아비처럼 기울어졌는지 지주

대틀 대며 매간지는 남자가 창 너머로 보여왔다

친구들은 다 있는 논밭 땅 한 떼기가 없어 악착스레 벌어 땅을 가져 보는 것이 소원이었다는 남자,

함부로 긋고 간 유년의 아픈 창상과 루저의 결핍을 잘 견디고 나름 뜻으로 일궈낸 남자의 지경을 건너보며

곧 기울어질 정오 같은 남자의 노모가 아들이 일군 꽃그늘 아래 깃들어 명아주 청려장에 기대어 남은 생의 비탈을 잘 지나시길 바라며 비의 다정을 듣는 참이다

동적골* 다님길에서

동적골 다님길이란 푯말이다
출랑거리는 동사가 의연한 이름씨가 되어 입간판으로 선언어의 발랄이다
손풍금 소리가 들려날 듯
계곡물은 봄인 양 깨어나 맑은 민낯으로 흐르고
군데군데 얼룩진 눈물자국처럼 하얗게 남은 잔설이 애잔하다
소나무와 서어나무가 껴안고 하늘로 길을 냈다는 연리지 푯말이 있고
멧돼지 출몰 지역이라는 문구도 있다
간절한 염원과 기원을 얹어 쌓았을 돌탑들이 애틋한 연민으로 멀뚱히 서 있고
채 거둬들이지 못한 채마들이 눈 속에 묻혀 수인사를 건네 온다
아직 녹지 않는 둘레길은 반짝이는 빙판이다
눈길만 골라 딛으며 다님길을 걷는다
다니면 걷는 길이 된다는 명제 같다
흘러 흘러 지류를 이루며 벌판을 달리며 순회할 물의 여

정을 생각한다
 계절을 짊어지고 흘러갈 물의 방식과 일대기
 한 방향으로만 집약적인 저 몰두를 보며
 보이는 모든 것에서 시의 근원을 찾으려 기를 쓰는 즐거운 탐닉과 탐독을 생각한다
 슬그머니 떠난 기억처럼 앙상히 얼어붙은 수국 동산을 지나
 편백나무 등걸에 세 들어 사는 초록 이끼마저도 애틋해 어루만져지는
 그리운 것들의 점성을 지닌 무등산 자락 동적골 다님길,
 에덴동 달마도 그림자도 자꾸만 동쪽으로 쌓여 가는 연민이었다
 그리운 쪽으로 마음이 쏠리는 다님길이었다

• 무등산 세인봉 오르는 골짜기 이름.

섶다리* 배후에서

한 장 사진으로 본 뒤, 한 번은 꼭 보리라고 벼르던 섶다리였다
샛노랗던 은행잎도 다 떨궈지던 늦가을이었는데
멀리서도 섶다리는 가녀린 자태로 푸른 봄 잎을 달고 있었다
물에 강한 물푸레나무로 교각을 세우고 굵은 참나무로 상판을 만들고
솔가지와 진흙으로 상판을 덮어 만들었다는 멀어져 닿을 수 없는 것들을 잇대는
우기 때 떠내려가고 없는 다리 앞에 쭈그리고 앉아 울음 울고 말 후손들을 생각해
아버지와 할아버지들이 만들었다는 밤뒤 마을과 미다리 마을을 잇는
마음을 잇고 누대를 잇고 어쩌면 늘 먼발치의 당신과 나를 잇대어 줄
못도 없이 도끼와 끌로만 기둥과 들보를 잇대어 만들었다니
긴 사슴뿔을 닮은 비슬나무 잔가지와 솔가지와 진흙들이

서로 밀어내지 않고 엉겨 안아

  탄탄한 다리를 놓았으니 멀리 두고 온 그리움 같은

  긴 다리 주체 못하며 꼬고 섰던 한때의 당신만 같아

  저물녘 들판에 가늘고 긴 다리 꼬고 선 홍학들의 즐비한 사열만 같아

  몸 사리고 조심조심 걸었을까

  물속에 되비친 모습은 나르키소스처럼 치명적인 아름다움이었으니

  덩달아 내 그리움도 어쩌면 몰래 더 앓고 나면 강물 속 되비쳐오는 섶처럼 아름다울 것이라고

  출렁, 흔들, 흔들려도 여름 나무처럼 쿵쿵대며 걸어 나온 잎나무와 풋나무와 섶나무의 섶다리였다

  끌어안는 추억 하나, 섶의 배후에서 숨 막힐 듯 범람해 오는 그리움에 온통 묶이고 말았으니

  잔망스럽게 아름다워 기꺼이 미혹당한 섶이었으니,

* 강원도 영월 판운리 섶다리.

들독*

팔뚝에 푸른 힘줄 도드라진 사내가 들독 앞에 섰다
저 푸른빛 형형한 들독을 거뜬히 들어올려야 한다
등치기로 해야 할까 옆 돌려치기로 접근할까
거뜬히 들어 올려 새경을 더 올려야 한다고 이를 악문다
노모는 들독 들기 대회에 나갈 가장을 위해 어린것들 몰래
아들 밥그릇에만 흰쌀밥을 꾹꾹 눌러 담고
그 위에 슬쩍 보리밥을 얹어 주셨다
숟가락 물고 달려드는 어린것들
꽁보리밥마저 맘껏 못 먹여 얼굴엔 늘 마른버짐이 피곤했다
어린것들 몰래 슬쩍 덮인 보리밥을 먹는 척
쌀밥을 넘기는 끼니가 자꾸 목에 걸렸다
두어 섬 더 새경을 받으려면 저 들독을 가뿐히 들어올려야 한다
아비 밥그릇을 훔쳐보며 숟가락만 빠는 어린것들에게
꽁보리밥 대신 흰쌀밥 고봉으로 담아 배부르게 먹이고 말리라

그것이 아비의 무능을 속죄하는 길
　푸르게 반짝이는 100근이 넘는 청돌이 결정할 내년의 새경,
　숨겨 먹는 아비의 밥그릇을 땟국물 범벅인 눈으로 숟가락 빨며
　훔쳐보던 어린것들
　짠 눈물처럼 얼룩진 얼굴들이 자욱이 달려든다

　돈지마을 입구,
　동그란 청돌 들독이 사내들의 힘과 결의를 다 기억한다는 듯
　땀내와 짠 눈물을 다 안다는 듯 표석과 함께 풀숲에 단정히 놓여 있다
　찬란했던 한때의 눈물처럼,

---

* 진도군 의신면 돈지리 백구문화센터 앞에 있는 힘 자랑하던 돌 이름.

어떤 낱자, 者의 탈구증을 논하다

아직 어른이지 않았을 때
내 최애 단어는 꽃향기 몰아오는 블링블링한 반려자, 단어였어
분명 하나인데 꽃구름이 숨어 있는 복수로 들리거나 난로 같은 온기의 집합으로 들렸으니
손에 꼭 쥐어 갖고 싶은 것이었으니, 반려자란 단어는,
반, 려, 자는 늘 붙어야 오롯한 명사를 이루는 껍딱지 같은 팔자가 구슬퍼졌는지 이골이 났는지 지루하고 식상하고 재미없이 멸렬해졌는지
낱자者, 그놈이 그만 자리를 걷어차고 뛰쳐나갔더래
어쩌면 가슴 뛰는 설렘이 바닥을 치고 시들해졌거나 식상해지고 멸렬해지다 시시해졌는지도 몰라
얼어 죽을 사랑 타령이냐고 이미 싸늘히 식어 죽은 지 오래라는 부고가 빈번해졌으니
호수 공원 앞 벤치에 기대앉아 호수를, 지나가는 사람들을 구경하고 앉았는데
방금 두 번째야,
오른쪽 다리를 들고 노상 방뇨하고도 아랑곳없이 염치없이 궁둥이를 흔들며 지나가는
저 귀족의 후예 같은 긴 흰털의 강아지 포메라니안종이

나 시추종, 품에 안아 쪽쪽대거나 종종거리며 모시고 오는 페르시안종이나 랙돌종 아, 그 몽실거리게 하는 반려자란, 단어 말이야

  자웅의 이탈, 탈구증 이후 그 자리를 꿰차고 앉은 희거나 긴 털을 가진 온기를 훔쳐 입은 견이나 묘이지 뭐야

  견, 묘, 압승이라고 아마 당신은 그랬을 거야

  대체제로 부드럽고 긴 털을 가져 살살거리는 머리털 검지 않은 견, 묘를 탐하게 되었는지도 몰라

  상팔자라고도 영혼이 없는데도 거침없이 부러워도 하잖아

  영혼까지 겸비한 대체제는 어디 없을까, 하고 두리번거리는 당신, 거기

속눈썹 줍는 여자

아무르강 기슭에서 허릴 굽혀 속눈썹을 줍네
마른 검불 같은 속눈썹
별빛 내리는 강 언저리는 희끗했고 눅눅했네
입 없는 트리코틸로 마니아*는
밤마다 갉아대는 생쥐들의 큰 입이었네
사각사각,
밟아오는 포식의 소리들
아침이면 헐거워진 민둥산 위로
동전만 한 보름달이 떠오르곤 했네
무한 이식을 꿈꾸는 검은 뿌리의 일탈은
늘 직선이었네
성긴 밤의 둘레를 걸어 나오느라
내 몸이 떨군 문양들
산란하는 뭇별들, 얽혀듦을 풀어낼 공식은
어디에도 없었네
갓 흘린 따스한 울음을 접고
물 주름 진 외벽으로 가는 쓸쓸한 귀소,

갈잎들 허릴 꺾고
아무르강 잔별들 귀가를 서두르네

* 탈모 증상의 하나.

정령치에서

데크에 올라서자 정령치*라고 했습니다
한눈에 다 들어왔습니다

이리 방대한 정원을 뉘가 일궜을까요

정녕, 하고 읊조리니
간곡한 핏빛 울음 하나가 따라 올라왔습니다

파르르 떨려오는 동족의 어원이 어쩌면 저기, 일 것 같아
나는 자꾸 먼 산자락으로 붉어지는 눈을 던져 주었습니다

앙다문 능선의 빗장을 열면
수 십 년 밀봉된 발설치 못한 말들이 우르르 쏟아질 듯,
검게 푸른 당신들이었습니다

고작 반 평 땅지기가 꿈이었을,
　빈한했을 내 아버지와 삼촌이 눈 감지 못한 채 환한 세상
의 도래를 여즉 기다리는 중인지

피골이 상접해 누워 들었을 동굴 밖, 눈 내리는 소리는 또 얼마나 뜨거운 최후통첩이었을까요

 잡목 길을 오르며 마지막 못다 한 말을 듣느라 자꾸 뒤 처진 나는
 붉은 피 한 방울 튕겨진 파르티잔의 후예일는지요

 비료며 거름 없이도 찬란한 숲으로 가는 연유를 차마 묻지 못하고 내려온
 정녕, 치 못한 정령치였습니다

* 지리산 자락 고개 이름.

둥근 발소리

녹슨 자전거 한 대가 잡목 풀 속에 누워있다
감기에 걸린 듯 어둠이 깊은 눈

스멀스멀 가라앉던 목선 한 척, 삐걱거리며 결국 대문을 넘지 못하고 벌렁 누웠다
선미를 밀어대던 녹슨 바람도 머물렀다

고작 한 뼘 짧았을 뿐인데
가만있어도 슬픈 추처럼 흔들리던 아버지 바짓단
걸을 때마다 출렁출렁 멀미가 일었다
개펄에 홀로 서서 휘둘러보던 갈매기의 젖은 눈이 퀭하다

페달 소리가 실어 오는 등 푸른 저녁을 기다리며 하루를 나곤 했던 어린 딸
아버지의 너른 어깨에 무동 태워져 바라보는 높은 시야는 한 번도 본 적 없는 그림동화 속 에펠탑이 부럽지 않았다

그렇게 자전거는 아버지 하체에 접목된 튼실한 다리였다
기운 생에서도 어둠을 지우는 최적의 요충지

바다에서 걸어 나온 아버지의 기침 소리가
생전의 듯꿈을 탁본하듯 파도 소리로 감기고 있다
따르릉!
둥근 발소리

아득히, 슬프다

루드베키아*

　루드가 누드로 들려, 깜놀했어

　얄브름한 입술에 껑충이 키 큰
　신에게 꽃다운 일생을 헌납한 그녀를 알아
　웃고 있으나 그렁그렁한 순간을 매번 들키고 사는 어여쁜 그녀, 말이야
　아름다움은 감출수록 맹렬해지는 야수인가 봐
　까망으로 둘둘 감춰도 드러나고 마는
　긴 목의 도드라지는 순백의 넥스카프는
　꿈엔들처럼 내가 가 닿고픈 설원의 땅이었어
　과녁의 그리움 같은

　골목을 돌아 나오다
　가장자리가 뜯겨나간 꽃 이파리의 참담을 기억해
　통증으로 풀물 져 본연을 잃기도 했으니
　코스프레 코스프레처럼 천연덕 가면을 쓰고
　흠 없는 그녀의 순백을 훔쳐 입고
　비음이 출렁대는 홍등의 거리를 유유히 걷고도 싶어

색의 끼를 주체 못 하는 기생초처럼
당신이 모를 내가 모를 한바탕의 농염(濃艶)
건들리는 몸짓으로 쏘아 올려
활산하고픈, 나의 유월은 그래

사는 게 급 우울 모드에 들면
그 옛날처럼 무명천 한 줄 두르고
마늘과 쑥으로만 연명한 그네들 마냥 몽환스레 앓아눕고 말래
앓다가 지칠 즈음, 탈피를 벗고 기어 나와
볕 아래 어쩌면 엉엉, 울고 말
홑겹인 나의 유월은 그래
납죽 깨진 무르팍으로 패잔병처럼 돌아와
풀 죽은 제단 위 한 묶음 들풀로 바쳐질
나의 어여쁜 베키아, 베키아

방탕한 내가 아리따운 그녀의 신에게 귀의하는 중이야

* 원추천인국의 다른 이름.

사각지대

빗변과 빗변이 만나 이루는 각일까요

이윽고 모서리가 태어나는 산술의 방식일까요
구석이 생겨나는 내포와
접힌다는 외연이 만나 이루는 生의 이면 같아
새의 부리처럼 톡톡, 여지는 손가락인걸요

사각, 오각, 육각은 땅따먹기일까요
차수 많은 방정식 같아 손사래 쳐지는,
 꼬여 드는 날파리 거나 손가락 찌르면 곧장 잠입을 허락하는 두부모 같아
 피식, 웃음도 나는 걸요

빛 아래를 걸어본 기억이 까무룩 해요

어쩌면 난 사각의 파생어이지도 몰라요
음지에서 더 생글거려지는 이끼류의 습생이 주를 이루니까요

가로막아도 범람하거나 확장을 일삼는

고나물거나 소용 잃은 다리를 훅, 털어내는 일렁이는 그림자들은
사각사각, 사각을 먹고 자라는
음지 식물일까요

더는 몰락할 일 없는 손닿지 않는 구석 같은
어깨를 부축여 빛 아래로 전도양양할
얼굴 없는 당신과 나,
우리일 테니까요

우박

까맣게 덮어오는 검은 장막,
후드득, 긋고 지난 자리마다
깜깜히 뚫린 동공이었네
그대 마른 가슴팍,
한 줄 나를 새기고픈 열망은
수직의 몸 던짐도 무섭지 않은 질주였네
그리움도 쇠하면
각진 모서리가 된다는 것을,
그대, 검은 아가리의 포식자라고 나를 눈 흘기지 말아요
발톱 숨긴 그림자라고 닫아걸지 말아요
먼 산 보듯
싸늘한 눈길에 기댄다는 건
매일매일 침 삼켜지지 않는 통증이었다고,
광활한 당신을 비집고
빼곡히 들어찬 당신이 되고 싶었다고,
호박 넝쿨 덩실거리는 논둑에 걸터앉아
새끼손가락 걸던 기억을 들춰 보아요
잘 우러난 초록 빗소리 들리지 않나요
당신 가슴을 지나는
너울너울 춤추는 슬픈 무희의 흰 발꿈치 터닝 자국,

지금 돋을 새김 중인가요?
들녘 가득,

장미의 시간, 월경을 마치며

손아귀의 세상을 꺼 두었지요
거뜬할 수 있는지 궁금증이 일었거든요
홀로의 상상은
줄곧 어긋나기일 테니까요

버스 뒷좌석에 몸을 묻고
긴 얘기를 주고받아요
상상은 언제나 앨리스의 이상한 나라잖아요

수천 킬로미터 창공에서
해답 없는 미궁으로 속수무책 팽개친
나의 희랍인 조르바, 오 나의 캡틴,
지지의 표면장력이
아직 나를 지배해요
왜 그들은 웃기고도 슬프고 통한스러울까요
중세의 마차 소리가 동음이의어처럼 들려요
나의 기원은 어디쯤이었을까요
거느렸다고 생각했는데 사육이었나 봐요
커졌다가 사그라들기를 반복하는 떠도는 부족들
사라짐이 두리번거려지는 저물녘의 호명일는지

우린 서로 간교한 지렁이 떼였을까요

방금 국경을 지났대요
철책선과 군홧발 소리와 장전된 방아쇠
끈줄 없이 풀어진 바람과 허리 꺾인 잡목들의 변방이 아닌가 봐요
오랫동안 디뎌보지 못한 그림책이 떠올랐거든요
멀뚱히 스친 표지판의 꼬부랑 語가
경계의 착한 상징이었나 봐요
상징과 은유는 언제나 즐거운 비행이잖아요

묘지 곁 사이프러스 나무에 기대어 잠든 앨리스가 보여요

경계라고는 없는 끝없는 호밀밭과
멋대로 흘러내린 올리브나무와
궁둥이를 까고 앉은 빨갛고 노란 난긴 같은 호박덩이들은
왜 돌보는 손길 없는 전깃줄 같은 표정일까요
타임도 모르는 채 춤추는 희랍인 같아요

크레타섬 원주민들 눈초리가 따라올까 봐 두려워요

어쩌면 장미 봉우리를 거둘 것 같은*
월경(越境)의 주기를 건너고 있어요

* 피터 위어 감독의 '죽은 시인의 사회' 영화 대사에서 차용.

제4부 스미다

능소화

붉은 담장 뾰족이 솟은 쇠창살 타고 능소화, 흐들히 피었습니다

아찔한 생의 벼랑을 더듬더듬 한 땀 한 땀 오르는 아비의 발꿈치가 보였습니다

훅,

바람이 불어왔습니다

입속 많은 말을 가둔 채 능소화 뚝 뚝 떨어졌습니다

눈 뜨고 죽은 아비의 사체가 소복했고 즐비했고 낭자했습니다

참새 몇 마리, 주홍빛 꽃 톡 톡 쪼아댔습니다

선홍빛 피 범람하여 강물처럼 잠겨 갔습니다

가뭇없이 유년이 사라졌습니다

어린 들꽃을 위한 레퀴엠

들꽃 같은 아이가 내 소맷귀를 잡고 좇아와요
마주치면 짐짓 멈춰 서는 달빛 같아요

세상모르는 달싹거리는 입술
보드라운 선홍빛 혀가 움직여요
이곳에 없는 이름을 부르는 것 같아요
꿈속에서 발목도 없이 걸어오는 그곳 별나라와
닿지 않는 이곳 지상의 행간은 얼마나 먼 거리일까요
통변할 누군가가 필요해요

둘둘 말아 장롱 밑에 숨겨둔 기억을
조각조각 덧대 보아도
엄마의 이름은 보이지 않아요
배앓이하다 변기에 흘려보낸
대책 없던 스무 살 혈점처럼 아이는 끝내 잊힌 걸까요

혼자 들꽃으로 피어
찬 서리에도 방긋 웃는 얼굴
다른 계절의 표정인 듯 알아보지 못했구나

희미한 그믐에서 만월까지
걸어야 할 내 궤도는 언제나 너였느니

소리 내어 울어본 적 없는 아이야
이제는 멀었던 그 어느 날을 다 걸어
이곳으로 오너라
꿈 밖 오늘을 산란하듯,

파꽃

　수십 년 일구던 텃밭을 두고 여든넷의 노모는 요양병원으로 갔다
　주인 없는 빈집, 텃밭 담벼락에
　보아 줄 사람도 없는데 홀로 핀 파꽃이 터질 듯 하얗게 파죽지세로 피었다
　벼랑에 피운 위태로운 눈물 꽃만 같아
　저절로 손이 가 뿌리째 뽑아 흙에 담아 싸 왔다
　쉽게 눈길이 가닿는 베란다에 두고 목 축일 물을 노모처럼 먹이며 말을 걸곤 했다
　옛 주인이 생각나고 보고 싶냐고는 눈망울 붉어질까 봐 차마 묻지를 못했다
　꽉 막힌 도심 시멘트 속에서도 파꽃은 텃밭에서처럼 꽃을 냈다
　얇은 희멀건 막을 뒤집어쓴 채 속으로 품어 키운,
　실 가닥 같은 가녀린 꽃대 위로 피워 올리는 흰 꽃들
　아침저녁 신발 끄는 소리, 더 들을 수 없어도
　허리가 휘고 축 늘어뜨린 잎으로도 허공을 받들듯
　절박함으로 일궈 온 사라진 옛 주인의 눈물 같은 생도 다 안다는 듯
　허리 꺾일 듯 속이 텅 빈 몸으로 피우고 있는

저 흰 꽃 무리,

빈 몸으르 흐들히 핀 파꽃이 숨 멎을 듯 어눌한 나를 어루만지며 지난다

붉은 흙을 들추며 파꽃처럼 피어날 시간이다

자이언트 트레발리*

모퉁이 돌아서다 함부로 한 사랑에 대해
꺼이꺼이 울었던가
그랬다
해수면 위를 떠다니는 구름 한 조각을 덥석 삼킨, 황홀한 입질은 치명이었으므로
사철 붐비던
양떼구름이며 새털구름이며 뜬구름이며 높쌘구름이며 소나기구름이며 털쌘구름이며
털층구름이며 두루마리구름이며 먹구름이며 뭉게구름이며
관능스런 여체의 나신 코카콜라 부류의
플라스틱, 플라스틱 러브여
달도 없는 밤, 어룽거리는 전봇대 아래 6척 전신을 부려 놓고 킥킥거렸던가
소화되지 않는 슬픔을 데리고 살아온
한 철 헤픈 사랑에 푸른 심해를 덜컥 내어 주었을까 나의 몰디브는,
어느새 부력 없는 식민지로 전락한

멸렬로 가는 소화불량의 출구는 구릿빛 사내 손에 걸린
미늘이었으니
희미해지다 이내 사라질 나는 자이언트 트레발리
내 서식지이며 꿈의 에덴이었던
에메랄드빛 몰디브여 착한 안녕을,

* 인도양 연안 몰디브에서 발견된 1미터가 넘는 대형 어류로 무녕갈전
 갱이라고도 하며 위 속에 플라스틱이 가득한 채 죽어 해양 오염에
 경종을 울린 어종.

플라비아*

나는 아침 양송이수프 같은 엄마로
풀꽃 같은 딸로 살았으나
그는 그냥 플라비아였습니다

한 줄 수식어로도 불린 적 없는 플라비아

별도 뜨지 않는 뿌연 밤에는
지구 반대편 독방에 누운 그와
두 개의 종이컵을 잇대 만든
고대의 방법으로 교신을 했습니다
눈요깃거리로 벌서는 대낮보다
홀로 잠들고 눈 뜨는
혼잠이 더 쓰라리다며 울먹이곤 했습니다

지금쯤 주름투성이 익살스러운 긴 코를 말아쥐며
싱싱한 적 없는 나팔 귀를 펄럭이며
사바나 초지대 푸른 아기별로 떴을까요
알프스와 피레네산맥을 넘어

진군한 위용스러운 종족들과 합류도 했을까요
평생을 종종거려도 면할 길 없는
열 평 남짓 단칸방이 우리의 공통분모였습니다

김 오르는 목욕물을 받아
얇은 슬픔처럼 말린 장미꽃잎 몇 띄우고
숲 향기 나풀대는 양송이수프를 한 솥 가득 끓입니다

갠 날 없이 뿌옇게 살다 간
나의 소울 플라비아

우리는 마흔셋이었습니다

---

* 3살 때 무리와 떨어져 43년을 동물원 독방에서 살다 안락사당한 스페인 코끼리.

나의 피그말리온*

단단한 근육질이던 각들이
밤의 문밖에서 모양을 버리고 있네
형태 없는 거품 따위에 허물어지고 일그러지는 정오는
야릇했네

밤새 쌓아 올린 것이 내가 누울 봉분이었을까
목쉰 울음이 더러 빈 껍질로 남아
흐느끼는 노래가 되었을까

그림자만 벗어놓고 물새 떼는 어디로 갔을까

허황한 꿈이 죄였다고,
돌팔매질로도 기울일 일이 없는 해안선이었다고
누추한 거죽데기 출입문을 들추고
결연한 한 줄 주술로 누가 나를 횡단해 줄까요
뼈와 **뼈**가 들어맞아 피가 돌고 화색이 흐르는
아골 골짝을 누가 접목해 줄까요

무참해진 톡에 뜨거운 입김 불어 관절을 꽃피울
나의 피그말리온이여

허망을 잇대 조각한 아름다운 곡선의 비너스상을
눈독 들이는 푸른 관능을 그려줄 거기, 까칠한 당신

나의 피그말리온이여
보아요 하잘것없는 그림자 하나, 소문처럼 날아오르고
있어요

* 그리스 신화에 나오는 조각가 이름으로 자기충족예언이라고도 함.

소소한 바램

흙과 돌이 구르는 흙 마당을 갖고 싶네
오래오래 해가 들이치는 곳에
모양 고운 돌들로 기단을 쌓아 올리고
그 옛날 할머니와 어머니가 품어 키우던
장독대를 갖고 싶네
돌 틈새 형형색색 깨알 같은 꽃들을 심어
사철 꽃피고 지는
마음의 곳간을 들이고 싶네
졸음이 쏟아질 것 같은 볕 좋은 날
각기 이름 붙여진 항아리들 뚜껑 열어
햇살이며 바람이 노닐다 가는
환한 동편을 열어 놓고 말겠네
그 곁 나도 키 작은 한 철 채송화로 기대어 앉아
한나절 젖은 몸 말리며
무르익은 청춘의 한 소절을 호명해 내어
서럽도록 어깰 떠는 꽃이파리 오후이고 싶네
그러다 어느 날
손 닿지 않는 곳 누군가가 쓸쓸히 그리울 때면
그 옛날 할머니, 어머니처럼
허리 굽혀 항아리를 닦고 또 닦겠네

이마의 땀방울 훔치며
잘 사느냐고, 어룽지는 혼잣말의 안부를 건네며
향기롭게 익어가는 저물녘 발효를 몸어 들이고 싶네

유물로 남은 숨 쉬는 항아리처럼 깊어지고
깊어지고 말겠네

지나간 별빛들이 발효되는 독에 기대어
선잠 깬 눈물들이 익어가는 시간
달빛에 깊어지는 숨소리를
둥글어진 품 안으로 고스란히 품고도 싶었지
하, 들이고도 싶었지

눈과 잔설 사이에서 날이 저물다

고속도로를 달린다
대설주의보가 내린 세상은 온통 흰빛
들판 논배미마다 백야를 이룬 설원이다
이불을 덮은 듯 들판은 순백의 일직선 수평이다
훼손 없이 살짝궁 덮는 것이 미덕이고 속성인 흰 눈
들판은 동일한 두께의 적설량으로
흐트러짐 없는 가냘픈 질서로 순연하기 그지없다
도로변 능선이나 언덕배기도 흰빛이다
군데군데 풍상에 시달려 눈물 자국처럼 어룽진
저 눈도 흰 눈인지 잔설인지
질퍽질퍽 끝없이 따라오는 흰 눈과 잔설 사이에서
홀로 롤러코스터를 내리 타길 거듭해도 답 없는 오리무
중이다
내린 순간의 첫, 원형질인
도굴되지 아니한 지평선이 흰 눈의 명제라고
혼자만의 정의를 내린다
눈과 잔설 사이에서 저물어 도통 모를 저녁으로 이운
사라져 가는 마음을 바라보는 구슬픈 빈한한 마음이
순록의 뿔처럼 증식해 가는 눈과 잔설 사이에 끼어
서녘처럼 묽어진,

어쩌면 눈물이 오를 것 같은 저물녘이다

은행나무 아래 그네

타래처럼 심사가 뒤틀려 가는 늦가을이었어요
꾸깃꾸깃 옹색해져 녹슬어 가는 벼랑 같은 날들이었어요
행간을 이탈한 생각들로 헝클어져 쏟아질까 두리번거렸어요
슬리퍼를 끌고 커피잔을 들고 걷다 보면 은행나무 아래였어요
샛노란 은행잎들은 쌓이고 쌓여 두툼한 양탄자를 이루고 있었어요
뒹굴며 흩뿌리며 벌러덩 덮고 눕는 나이를 잊은 몸짓들로
내리쬐는 가을볕처럼 웃음들이 자글거렸어요
그네가 홀로 흔들리고 있었어요
은행잎 그네에 몸을 부리고 앉았어요
황금빛 은행잎에 휘감겨 그네에 앉아
커피를 넘기는 지금이 인생 최고의 황금기라는 한 줄 명제가
단호한 표정으로 수면 위로 떠 올라 빤히 나를 쳐다봤어요
엎질러지고 헝클어졌던 무질서가 수습되고 비옥해지고 있었어요
까닭 모를 슬픔의 과적으로 줄곧 가라앉고 침몰하느라

옹졸하게 굴어 미안타는 문자를 찍으며
이해 못 할 용서 못 할 그 무엇도 없을 만큼 나는 이미 윤기 흐르는 황홀함으로
한 점 몸을 섞지 않았어도 황금빛 색감에 취해
은행나므 품으로 파고들 것 같은 몽환의 안드로메다의 가을 서정이라고,
당신이 모르는 나는 샛노란 꽃으로 핀,
샛노란 은행잎이 나를 다녀가 노랗게 물든 온통 은행나무의 슬하였어요, 메롱

내 오월의 무등

천변 따라 연둣빛 버들잎은 나부끼고 있었다
창밖으로 스크럼을 짠 대학생들이 몰려왔다 가기를 여러 날,
가방을 책상에 부리기도 전에 닭 쫓기듯 쫓겨난 아침이었다
머리칼도 보이지 않게 꼭꼭 숨으라는 선생님의 험악한 우격다짐,
교문이 닫히는 둔중한 소리는 난생처음 듣는 황폐한 철시였다
집어 삼킬 듯 시커먼 구름이
플레어스커트 자락을 줄곧 뒤따라왔다
집으로 돌아가는 길은
바닥을 울리던 철심 박힌 군홧발 소리에 식은땀이 흘렀다
해를 등지듯 학교를 등진 그해 봄날은
마당 끝 장독대 조각조각 피어오르는 아지랑이처럼 지리했다
대문 밖 출입이 금지당한 그해 오월,
엄마 몰래 조각난 햇살이 내려앉는 마룻바닥에 교과서를 베개 삼아 누우면
지축을 울리던 총성이 이명처럼 들려오곤 했다

다시 교실로 돌아갔을 때
책상 하나가 흔적 없이 치워지고 없었다
시작과 끝을 알리는 종소리는 빈틈없이 울렸다
겁먹은 얼굴들이 잠깐씩 얽혀들곤 했지만
발설해서는 안 되는 금기처럼 누구도 안부를 묻진 않았다
교실 앞 수돗가 터질 듯 피어나던
넝굴장미의 쑥 내민 붉은 혀,
꾹 다물어 핏물 고인 갈래머리들의 유약한 분노였고 분출이었다
세상을 깨우쳐 가려던 우린, 고1이었다
멀리 초록의 무등이 품 벌려 손짓하며 천변을 향해 급히 내달려오는 오월이었다

들다 드니 들어

시 잘 쓰고 있느냐고 넌지시 물어 오시는 노교수님
치매가 들지 않게 부지런히 써야 한다는 주문,
치매는 흐르는 액상이어서 방심하면 틈을 타고 파고드는 몰염치거나
거슬러 드는 하극상인가
수위를 조절해야 하는 노심초사 댐이거나 방류와 가둠 사이를 잘 저울질해야 하는 기피처인
험지인가를 고심했을까
들다, 들어, 드니 사이 하중을 어떤 깜냥처럼 발 하나를 외로 꼬고 건들거렸을까
첫 문장은 호객형이니 저 물리고* 저물려서 승부수를 띄워야 한다는데
감각적 형상화, 첫 문장을 오늘도 실패한 나는 시계추 같은 다족류일까
시의 후광만 탐하는 찬란한 야행성 매독녀일까
본연을 지우고 눙치려는 수작에 민첩하고 말 걸기에 능숙해야 하는데
의혹들만 호황을 이루는 이 굴절의 방식을 나는 외로운

점성이라 해야 하나

　언감생심이라 치부해야 하나

　치매를 빌미 삼아 시의 근처나 얼쩡거리는 시인의 짝퉁일까

　답 없는 허튼 날숨의 층계를 딛고 눅눅한 각을 입고 부장품처럼 물그러미 건너보는

　갇힌 숨들의 귀환을 위해 푸른 야행성 치매에 들지 않으려 칸칸이 창을 낸 은유를 찾아

　오늘도 뒤적거려 보려 출구를 염탐하느니, 깜냥처럼, 부랑자처럼, 신산스러운 혼외자처럼

　* 속뜻을 안으로 여미고 여민다는 전라도 입말.

동백나무 아래 꽃무릇

동백나무 발등 아래 누름히도 건조한 맨땅 위로
예닐곱 촉의 꽃무릇 흐뭉히도 피었습니다

연초록 가녀린 줄기 타고
붉고 가녀린 혀, 쏙 내밀고 외따로, 외따로, 피었습니다

벌건 슬픔 오래 울어온 듯 붉은빛 끝 테두리 희끗 엷어
지고 있습니다

벙그러진 꽃 수술 틈새에서 한 사내, 짐승처럼 뜨거운 울
음 울고 있습니다

사는 게 사는 게 아니듯
몸만 모로 움직여도 앙상한 손끝 타고 벌건 육탈물 똑똑
흐릅니다

단 한 번, 진흙뻘에 발 하나 빠졌을 뿐인데
속죄하는 양 한 철 다 탕진해 버린 등 굽은 그가 주름져
옵니다

이미 창궐해 버린 내 이마 그리움의 열꽃, 흉터 없이 사그라들거든

나, 꽃무릇처럼 다시 한 철을 기다리고, 기다리겠습니다

시몬의 뜰에 앉아

단양군 어상천면 옛 시장터를 따라 걷다 보면 어상천면 천주교성당이란 검은색 건물이 있지요
 몇 걸음 걸어 들어서면 시몬의 뜰이라는 올리브색 나무 벤치가 하나 있지요
 앞에는 흰 꽃을 피운 산딸나무가 서 있고
 입구엔 댕그랑댕그랑 미사 시간을 알렸을 종탑이 파수꾼처럼 지키고 섰지요
 뜰 중앙엔 두 손을 겹쳐 모은 채 늘 서서 기도하는 여인이 서 있지요
 사랑을 맹세했으나 자신도 모르게 흘러내린 마음으로 씌워진 배신의 오명
 닭 울음소리에 해바라기처럼 목을 떨구며 벽을 붙들고 우는 사내의 눈시울이 하필 생각나
 주춤거리다 이내 벤치에 몸을 부리고 앉곤 하지요
 온통 당신으로 우거지고 빼곡했으나 마음을 이탈한 찰나의 입술이고 말았던,
 넘나들고 싶은 세상인 당신이 가만히 꽃등을 켠 거기,
 산딸나무 가지에 얹혀 여린 부리로 물어온 아침을 노래하는 새처럼
 새들의 언어를 빌어 당신을, 그리움을 도모할래요

순결한 서정이 빼곡한 당신에게 가 닿고픈 늦된 사랑을 중언부언 고책할래요
 귀 밝은 환청을 앓는 꽃으로 당신의 불후를 오래 사랑하겠노라
 돌멩이처럼 어긋난 울음으로 뜨거운 갱세를 할래요
 닭울기 전 마주친 눈빛처럼 뎅, 뎅, 푸른 종소리가 들려요
 올리브색으로 물들도록 무릎 꿇어 오래 벌서는 오후가 되면 내 그리움의 바깥이 가만히 열릴까요
 비 맞은 산딸나무에 거미줄이 걸리고 있어요
 들끓던 오후가 식고 있어요

스미다

저물녘이 고루 분사된 거리에 내려앉은 어둠의 발꿈치는 생장점 잃은 결핍이었다

누추한 바다는 어디에서나 출렁였고 딛고선 땅은 모래알 귀퉁이처럼 치통을 앓았다

눈썹달로 떠오른 새벽은 슬펐고 대낮에도 빛 잃은 별들은 돋으나, 미아처럼 곤궁했다

허기진 동굴 같았던 어둠의 동공이 세상을 향해 열린 유일한 창이었다

상처를 허물고 울컥울컥 저물고 싶었던 푸른 등줄기인 당신,
녹슨 얼룩을 지우고 들고팠던 수천의 푸른 바람 소리,
눈뜨던 들판처럼 스미고 스미고팠던 아침을 몰아오는 당신의 소리,

그렇게 궁핍을 벗고 당신에게 걸어 들어, 문득 당신이 되는 일

덜리서 치맛자락 끌어오는 소리, 들려온다

해 설

고향의 일상에서 걸러진 영원

송기한(대전대 교수)

1. 미메시스적 응시

조수일은 비교적 짧은 문단 경력에도 불구하고 화려한 조명을 받은 시인이다. 2017년 『열린시학』을 통해 공식 등단하기 이전부터 시인은 송수권문학상 신인을 받는가 하면, 수주문학상이라든가 한국해양문학상 대상도 수상했기 때문이다. 그 수상의 행렬이 진행되는 동안 시인은 『모과를 지나는 구름의 시간』(시산맥, 2022)을 상재했고, 이번에는 『먹갈치의 은빛 유려한 칼춤을 보아요』라는 제사(題詞)로 또 하나의 시집을 펴내려 하고 있다. 이런 일련의 과정은 작품에 대한 문학성과 더불어 시에 대한 열정으로 설명될 수 있을 것이다.

실제로 시인의 작품을 읽어보면 금방 알 수 있는 것처럼 시인은 뛰어난 언어 구사를 보이고 있거니와, 시의 내용을 구성하는 음역들 또한 탄탄히 구성되어 있다. 여기서 언어 구사의 현란함이란 비유의 참신함을 말하는 것인데, 비유가 관습이나 사은유의 틀을 벗어나게 되면 대부분 실험적 속성을 갖게 되는 것이 일반적이다. 하지만 조수일의 작품에서 언어의 실험성이나 전위성은 거의 발견되지 않는데, 실상 시인은 시어의 파격성과 거리를 두면서 언어의 새로움을 구축하고 있는데, 이런 의장이야말로 시인의 고유한 특징적 단면이 될 것이다.

언어의 조탁을 통해서 서정의 기둥을 만들어 나가는 시인은 기둥의 여백을 채워나가는 데 있어서도 득의의 영역을 보여준다. 시인은 작품의 내용과 형식에서도 자신만의 영역을 구축해나가는데, 이는 소재나 내용의 측면에서 독특한 질료를 형성해나간다. 시인의 시에서 드러나는 소재의 파편들은 편재되어 있고 흩어져 있다. 이는 그가 만들어내는 소재들이 어느 특정 영역에 한정되지 않고 보편화되어 있다는 것을 의미하는데, 이런 정서는 「동적골 다님길에서」라는 작품을 보면 금방 확인된다.

    동적들 다님길이란 푯말이다
    촐랑거리는 동사가 의연한 이름씨가 되어 입간판으로 선 언어의 칼날이다
    손풍금 소리가 들려날 듯
    계곡굴은 봄인 양 깨어나 맑은 민낯으로 흐르고
    군데군데 얼룩진 눈물자국처럼 하얗게 남은 잔설이 애

잔하다

소나무와 서어나무가 껴안고 하늘로 길을 냈다는 연리지 푯말이 있고

멧돼지 출몰 지역이라는 문구도 있다

간절한 염원과 기원을 얹어 쌓았을 돌탑들이 애틋한 연민으로 멀뚱히 서 있고

채 거둬들이지 못한 채마들이 눈 속에 묻혀 수인사를 건네 온다

아직 녹지 않는 둘레길은 반짝이는 빙판이다

눈길만 골라 딛으며 다님길을 걷는다

다니면 걷는 길이 된다는 명제 같다

흘러 흘러 지류를 이루며 벌판을 달리며 순회할 물의 여정을 생각한다

계절을 짊어지고 흘러갈 물의 방식과 일대기

한 방향으로만 집약적인 저 몰두를 보며

보이는 모든 것에서 시의 근원을 찾으려 기를 쓰는 즐거운 탐닉과 탐독을 생각한다

슬그머니 떠난 기억처럼 앙상히 얼어붙은 수국 동산을 지나

편백나무 등걸에 세 들어 사는 초록 이끼마저도 애틋해 어루만져지는

그리운 것들의 점성을 지닌 무등산 자락 동적골 다님길,

에덴도 달마도 그림자도 자꾸만 동쪽으로 쌓여 가는 연민이었다

> 그리운 쪽으로 마음이 쏠리는 다님길이었다
> －「동적골 다님길에서」 전문

이 작품은 고향의 한 자락을 소재화한 작품이긴 하지만 시인의 시론이 무엇인지를 드러내고 있는 시라는 점에서 의미가 있다. 시인이 시를 만들어내는 이유는 분명하다. "보이는 모든 것에서 시의 근원을 찾으려 기를 쓰는 즐거운 탐닉과 탐독을 생각한다"는 데 있다고 보는 것인데, 이는 시인에게 시의 근원을 제공하는 것들, 시의 씨앗이 되는 것들이 어느 한쪽에 편중되어 있지 않다는 것을 말해준다. 그러니까 자신의 시야에 들어오는 모든 것들은 다 시의 소재, 곧 시의 근원이 될 수 있다는 뜻이 된다. 이는 시인의 작품에서 어떤 전략적인 소재가 존재한다는 것을 의미하는데, 시어 대한 이런 작시법은 분명 기왕의 서정시들과는 그 결을 달리하는 부분이라 할 수 있다.

흔히 많은 시인이 자신의 정서나 세계관이 무엇인가를 드러내기 위해서 주로 구사하는 방법적 의장 가운데 하나가 전략적인 소재나 이미지를 소재화하는 일이다. 이런 수법이야말로 시인이 지금 갖고 있는 주된 관심이 무엇이고 세상을 이해하는 층위가 무엇인지를 대번에 일러주는 지름길이 된다. 하지만 조수일 시인은 기왕의 시인들이 펼쳐 보였던 그러한 서정의 전략과는 거리가 있다. 그는 자신의 시야에 들어오는 모든 것들을 파노라마적인 시선으로 옮겨다니면서 이를 모두 서정의 이름으로 불러오고 있기 때문이다. 이런 수법은 실제로 「동적골 다님길에서」도 잘 드러나 있는데, 지금 서정적 자아는 '동적골'이라는 공간에서 시선을 줌 인 아웃(zoom in-out)하면서 모든 대상들을 가급적 포착해 내고 있다. 그런 다음 그 각각의 사물에 서정의 물길을 흘려보내면서 저마다의 고유한 가치평가를 시도한다. 시인은 이러한 과정을 "즐거운 탐닉과 탐독"이라고 했거니와 시인의 시 쓰기는 이렇듯 미메시스의 수법을 통해서 그의 시선에 포착된 각각의 사물과 대상에 의미를 부여하는 것에 놓여 있다.

그리고 다른 하나는 세상을 응시하는 자세, 곧 세계관의 문제이다. 소재가 그러한 것처럼 이번 시집에서 드러나는 세상에 대한 시선 또한 지극히 다층적인 것으로 표명된다. 하지만 그러한 층계들을 떠받치고 있는 근본 지렛대가 있는데, 그것은 다름 아닌 사회의 불온성들에 대한 자각이다.

> 시, 시는 시시한 것이 시야
> 그 시시한 시답지 않은 시를 쓰겠다고
> 평생을 매달리는 사람이 시인인 것이고
> 작고 보잘것없는 시는 말일세,
> 으리으리 장엄해 보이는 정치나 경제가
> 힘을 잃어 죽음과 폐허일 때
> 그때 꽃을 피우고 생명을 틔우는 것이 시 한 편이란 말
> 일세
> 가장 최후적이고 말지 그 시시한 시가 말일세

그때 위력을 발휘하는 태풍의 눈 같은 저력이 시의 힘
이라네
작고 시시하나 시답지 않으나 우주적이게 위대하고 달지
(중략)
그 시시한 시답지 않은 시 한 줄을 얻겠다고
돋보기 걸치고 밤 깊도록 꿈뻑이고 앉은 나는
눈꺼풀에 얹힌 무거운 어둠을 떨쳐 내며
여전히 시인이고자 돌멩이처럼 진흙탕을 구르며
시나브로 작부 같은 독종으로 진화 중일까
―「어느 무명 시인의 시론」 부분

서정적 자아는 시를 두고 "시시한 것이라고 한다'. 그리고 그 "시시한 시답지 않은 시를 쓰겠다고/ 평생을 매달리는 사람이 시인"이라고도 폄하한다. 하지만 이런 전제는 다음에 이르면 전연 다른 것으로 치환, 전복된다. "으리으리 장엄해 보이는 정치나 경제가/ 힘을 잃어 죽음과 폐허일 때/ 그때 꽃을 피우고 생명을 틔우는 것이 시 한 편이란 말일세"로 전복되는 까닭이다. 이런 결론에 이르게 되면, 시는 "시시한 것이고", "시인은 시답지 않은 것을 쓰는" 사람이라는 말은 그 숨은 의도가 표출되는 통쾌한 역설임을 알게 된다.

이 작품은 시에 대한, 그리고 시인에 대한 정의이기에 시인의 작시법, 혹은 시론시라고 해도 무방하다. 시인이 이해하는 시란, 혹은 시를 만들어 내는 세계관이란 순수 서정시의 영역과는 거리가 있어 보인다. 여기서 순수라고 하는 것은 형식적 의장보다는 내용적 국면을 말하는 것인데, 시인이 시를 만들어 내는 기본 틀이랄까 세계관은 정치나 경제가 힘을 잃어 죽음과 폐허일 때와 깊은 관련이 있다. 이 의미는 시인의 시선이 부채살처럼 다양하게 펼쳐지지만, 사회의 불온한 면들을 들춰내고, 이에 대한 가치관을 올곧이 드러내고자 하는 데 집중되고 있음을 알 수 있게 된다.

2. '나'란 존재는 무엇인가

이번에 상재되는 조수일 시인의 시들은 여러 갈래의 주제의식으로 뻗어나가고 있다. 그의 시들이 여러 서정의 샘 속에 뿌리를 박고 있다는 것은 우선, 그의 작시법과 분리하기 어려운 것이다. 시인은 자신의 시가 만들어지는 방법적 의장 가운데 하나를 '보이는 모든 것에서' 찾고 있다고 했는데, 대상을 향하는 시선의 다양성이 그의 시의 소재를 다변화하게 한 근본 원인 가운데 하나라고 할 수 있다. 시인의 시가 펼쳐지는 무대가 시공을 초월하여 다양하게 만들어지는 것도 이와 밀접한 관련이 있는데(가령, 이를 대표하는 작품이 고대 이집트 사회를 공간적 배경으로 하고 있는 「카무트」, 몰디브의 공해 고기를 소재로한 「자이언트 트래발리」 등등에서 이를 확인할 수 있다.), 그럼에도 그 줄기를 두 가지로 계통화할 수 있다면, 존재에 관한 것, 그리고 고향에 대한 것들을 서정화한 것으로 분류할 수 있을 것이다.

이 두 가지 흐름 가운데 그의 시세계의 본질은 무엇보다 자아의 문제에 대한 것이라 할 수 있다. 실상 존재론적인 문제나 실존의 고통에 관한 주제들은 이 시인만의 고유한 영역은 아니다. 이는 대부분의 시인들, 아니 지상에 피투된 존재라면 누구나 할 수 있는 고민의 지대들이기 때문이다. 그렇기에 시인이 존재에 관한 질문들을 던졌다고 해서 이를 두고 보편의 영역에 갇혀있다거나 그리하여 그의 시에서 어떤 고유한 지대를 감각할 수 없다고 이해하는 것은 지나친 단견이라 할 수 있다.

> 야행성이었다
> 달이 뜬 후에야 낡은 통통배를 밀고 바다로 향했다
> 대낮엔 모래 속이나 펄 바닥에 엎드려
> 밤을 기다리는 갈치를 닮았다
> 딱 한 번 흙탕물에 발이 빠졌을 뿐인데
> 당신의 얼룩은 평생을 따라붙었다
> 어둠이 더 편한 밑바닥의 생
> 북항의 밤은 늘 멀리서 찬란하였다
> 날렵한 지느러미에 주눅 든 새끼들을 싣고
> 밤하늘의 유성을 따라가고 싶을 때도 있었을까
> 은빛의 유려한 칼춤으로
> 자신의 바다에서
> 단 한 번도 刀漁가 되어본 적이 없는 아버지,
> 갈라 터진 엄마의 울음이 뻘밭에 뿌려지던 날

마지막 실존이었던 銀粉마저 다 털려
　　유영의 꿈을 접었던
　　평생 들이켠 바다를 다 게워 내느라 갑판 위가 홍건했다
　　짠물을 다 마시고도 채우지 못한 허기
　　삶을 지탱하는 힘이 어쩌면
　　꿈을 좇는 허영인지도 모른다
　　바다의 깊이를 가늠하지 못한 갈치 떼
　　가쁜 숨 몰아쉬며
　　눈먼 만삭의 어둠 속에서 습관처럼
　　살점 저며 주고 뼈만 남은 먹갈치 한 마리,
　　또 한 번 서툰 몸짓으로 비상을 꿈꾼다
　　　　　　　　　　　　　　　　－「먹갈치」 전문

　시집의 제목이 『먹갈치의 은빛 유려한 칼춤을 보아요』라고 했으니 「먹갈치」는 시집의 주제랄까 시인의 정신적 구조가 무엇인지를 일러주는 본보기가 되는 시이다. 먹갈치는 일단 자아의 은유라고 이해되는데, 먹갈치의 일반적인 속성이 그대로 자아에게 전이되어 나타나는 까닭이다. 가령, 야행성이었다는 것, 대낮에 모래 톱이나 펄 바닥에 엎드려 있다는 것, 그리고 밤을 기다리고 있다는 것 등등이 먹갈치의 생태적 특성이라고 한다면, 이는 곧 서정적 자아의 모습으로 겹쳐진다.
　그런데 여기서 서정적 자아의 존재성을 드러내는 말은 아마도 '얼룩'에서 찾을 수 있을 것으로 보인다. "딱 한 번 흑

탕물에 발이 빠졌을 뿐인데/ 당신의 얼룩은 평생을 따라붙었다"에서 이를 확인할 수 있는데, 여기서 '딱 한 번 흑탕물에 빠졌'다는 것은 여러 다양한 의미론적 층위를 갖고 있다. 그것은 유토피아를 상실하게 한 원죄를 말하는 것일 수도 있고, 출생 외상일 수도 있으며, 세상에 피투된 존재인 실존의 고통을 의미하는 것일 수도 있기 때문이다. 아니면 시인 그유의 신체적 한계나 그만의 고유한 흠결을 의미할 수도 있을 것이다. 하지만 그것이 어떠한 것이든 간에 중요한 것은 그것이 자아의 현존을 규정하는 절대적인 것으로 자리 잡았다는 사실이다.

그리고 두 번째는 그러한 실존의 한계가 이후 시인의 정신 세계의 한자락으로 자리잡았다는 사실이다. 서정적 자아는 이를 두고 "삶을 지탱하는 힘이 어쩌면/ 꿈을 좇는 허영인지도 모른다"고 전제하고 있는데, 실상 이 부분도 인간에 대한 본질론과 분리하기 어려운 것이기에 원죄나 출생외상, 피투성과 밀접한 관련이 있다. 말하자면 인간은 욕망하는 존재라는 것, 그러한 욕망이야말로 인간의 본질론이라는 것인데, 서정적 자아도 여기서 결코 자유롭지 않았다는 것이 이 작품의 주제라 할 수 있다.

길 위에서 길을 잃었네
가까워질수록 마음이 도망을 치는 곤혹이었네
포충사 푯말을 지날 무렵
어스름이 몰려오고

폭넓은 도로변 가로등 일순, 환히 돋아났네

돋을까? 당신도?
얼얼해져 답 없는 반문을 홀로 중얼거렸네
돋는다는 것은 커진다는 어원일 텐데
왜 까닭 없는 통증이 일어서는지
먼 마음 하나가 돋아나 주길
어느 골목을 돌아 나오다 아프게, 빌기도 했을까
속도를 잃고 휘청거린 것은 길이었는지, 나였는지

생각이 차단되는 터널을 지나고
은빛 지느러미 떼, 출렁이는 비닐하우스 군락을 지나고
차창 밖 멀리 엎드린 광이리 마을의 불빛들
하나둘, 돋아나는 나였네
슬픔의 진원을 등지고
돌아갈 곳을 찾아 두리번거려지는
나의 귀소歸巢는 어디일는지

슬픔이 돋고 뿌리가 돋고 먼 산이 돋고 오소소 떠는 나뭇가지에 얹힌 저녁이 돋고
당신이 돋고 내가 돋고 이윽고 참새 같은 눈물이 돋는,

문득, 잊고 산 안부가 궁금해지는
아픈 저녁이 돋고 있었네

-「돋는다를 목도」전문

"삶을 지탱하는 힘이 어쩌면 꿈을 좇는 허영"인지도 모른다고 서정적 자아는 말했지만, 그렇다고 해서 그 스스로가 내성과 같은 윤리의 문제에 침잠하거나 성찰의 담론을 꾸준히 던진 것은 아니다. 시인의 작품들은 도덕과 같은 내성의 정서에서 한 걸음 비껴서 있던 것인데, 그렇다고 해서 자아가 이런 존재론적 한계에 대해 완전히 외면한 것도 아니다. 「돋는다를 목도」에서 이런 단면들이 조심스럽게 제기되어 있기 때문이다.

「돋는다를 목도」는 현존의 어려움에 대한 자아의 고백이 직접적으로 드러나 있다는 점에서 의미가 있다. 이 작품의 특징은 우선 감각적인 것에서 찾을 수 있다. 이를 단적으로 드러내고 있는 담론이 '돋는다'이다. 서정적 자아는 '돋는다'라는 것은 위로 솟구친다는 의미를 갖고 있다고 본다. 하지만 이 담론이 여기서 그런 단일한 음역을 갖고 있는 것은 아니다. 서정적 자아는 '돋는다'를 '켜진다'라는 어원으로 일차적으로 해석하고 있지만, 이는 어디까지나 사전적인 의미에서 그러할 뿐, 작품 내적으로 볼 때는 다양한 의미론적 층위를 갖고 있기 때문이다. 가령, "슬픔이 돋고 뿌리가 돋고 먼 산이 돋고 오소소 떠는 나뭇가지에 얹힌 저녁이 돋고"와 같은 물리적인 영역도 있지만, "당신이 돋고 내가 돋고"와 같은 형이상학의 영역도 있는 까닭이다.

하지만 이 작품에서 이 담론이 가장 표나게 도드라지는

부분은 "차창 밖 멀리 엎드린 광이리 마을의 불빛들/ 하나 둘, 돋아나는 나였네"라는 부분일 것이다. 표면적인 차원에서는 불이 밝혀진다는 뜻을 갖고 있지만, 그 이면적으로는 서정적 자아의 존재론적 국면을 표명하는 뜻을 갖고 있기 때문이다. 그러한 단면을 가장 잘 보여주는 것이 "나의 귀소는 어디일는지"이다. 지금 서정적 자아는 십자로에 있고, 거기서 나아갈 방향을 상실한 것처럼 보인다. 이는 "삶을 지탱하는 것이 꿈을 좇는 허황"이라는 사유와는 분명 다른 부분이다. 꿈을 좇는 허황이 있다면, "나의 귀소는 어디일는지"라고 굳이 물을 필요는 없기 때문이다. 욕망이 있다는 것은 전진할 수 있는 힘이 남아있다는 뜻이지만, 이제 그에게는 그러한 여력이 없어 보인다. "생장점의 한계처럼 나도 푹, 시들었을까"(『쇠락을 읽다』)하는 자괴감이 욕망의 뜨거운 항해를 막고 있었기 때문이다.

자아의 전진은 "꿈을 좇는 허영"의 상실에서, 그리고 "생장점이 임계점에 도달"함으로써 일단 멈춘 것으로 이해된다. 이 멈춤이 다시 움직일 수 있게 하는 힘에는 어떤 것이 있을까. 실상 이 에네르기야말로 이번 시집의 소재이자 주제일 터인데, 시인의 발걸음이 향한 곳은 아마도 근원과 같은 원형의 지대였던 것으로 보인다. 다시 말해 자아의 생물학적인 공간이자 정신적인 공간, 바로 고향이었던 것으로 보인다.

3. 신귀거래사

전진하는 자아가 멈출 때, 가장 먼저 도달할 수 있는 정서란 좌절감 내지는 허무주의의 감각일 것이다. 그리고 이런 퇴행적 정서와 달리 그 상대적인 자리에 놓인 정서 역시 또 하나의 대안으로 생각해볼 수도 있을 것이다. 그러한 대안 가운데 대표적인 것이 근원에 바탕을 둔 모성적인 상상력일 것이다. 나아갈 방향을 상실한 사람이나 파편화된 자아가 가장 먼저 기대는 것이 이 모성적인 것과 관련되어 있기 때문이다. 1930년대 대표 시인이었던 정지용이 자연에 기댄 것도 이런 맥락과 분리하기 어려운 것이고, 청록파의 세계관 또한 이와 밀접한 관련이 있기 때문이다. 이는 서정주의 경우에도 마찬가지인데, 잘 알려진 대로 그는 자신의 파편화된 정서를 치유하기 위해 '질마재'라는 고향을 서정화했기 때문이다. 그것이 바로 일상 속에서 찾은 영원의 세계였다.

시인이 "나의 귀소는 어디"(「돋는다를 목도」)를 묻는 것은 "또 한 번 흑탕물에 발이 빠졌을 뿐인데/ 당신의 얼룩은 평성을 따라들었다"(「먹갈치」)와 분리하기 어려운 것이다. 그리하여 자아가 안주해야 할 곳, 얼룩을 지워야 할 곳에 대한 그리움의 정서가 당연히 표명될 수밖에 없는데, 이와 관련하여 이번 시집에서 가장 주목의 대상이 되는 시가 「신귀거래사」이다.

매일 달이 뜬다는 매월동을 지나요

길가 전평제 연방죽이 꽃을 피워 손짓해요
진흙뻘에서 금방이라도 발을 빼내며 수인사를 건네올 듯 방긋거려요
해안선을 닮은 듯 휘어진 국도가 펼쳐져요
달뜬 내 발길을 제어하느라
자꾸 커다란 붉은 눈이 날 향해 깜빡거려요
건너편엔 꽃과 유실수들이 명찰을 달고
간택을 기다리는 듯 다소곳한 묘목상이 보여요
주유소를 지나면
들판 중심에 어질머릴 앓듯 아파트가 서 있지요
온통 은갈치 떼 뛰노는 하우스 군락인 대촌리엔
갖가지 채소들이 풋내를 풍기느라 또 부산스럽지요
혼자 읊어보는 상상력의 증폭 점인 광이리엔
아마 고대 마한 시대 어디쯤
이리 떼가 뛰노는 서식지가 아니었는지
수천 년 거기 있어온 地名은 말이 없고
몽상가인 내 몸집만 자꾸 부풀어 가요
사거리 우측엔 고즈녁이 드들강 강물이 흐르고
군데군데 어깨를 맞댄 물풀들이 섬처럼 一家를 이루고 살지요

산포 들을 지나고 언덕배기에 오르면 금빛 모래알이 흐른다는 금천 물길을 지나면
비단을 휘두른 아름다운 나의 고향 목사골로 접어들지

요

    벚나무가 사열 중인 강변도로를 달리면
    아, 어쩌건 평화로이 누운 나의 마을이 보여 와요
    입가 웃음꽃 벙글어지는 내 태생지 들녘 토계리, 토끼
촌이

                                                  ─「신귀거래사」 전문

  고향이나 자연으로 되돌아간다는 주제의식을 담고 있는 「귀거래사」는 본디 도연명의 작품이다. 그는 관직을 버리고 떠나면서 이 작품을 읊었는데, 노장 사상의 영향을 받아 전원에서 자연과 함께 지내는 삶의 아름다움을 노래했다. 이런 맥락에서 보면, 시인의 「신귀거래사」도 도연명의 그것과 하등 다를 것이 없다. 하지만 관직을 버린 도연명과 달리 시인은 관직과 무관했거니와 또 자연과 더불어 살고자 한 것이 아니라 고향과 더불어 살고자 했다는 점에서 구별된다. 「신귀거래사」에서 드러난 바와 같이 지금 시적 자아는 고향을 떠난 자리에서 삶을 영위하다가 다시금 고향으로 되돌아가는 도정에 놓여 있다. 그 과정에서 시인의 시선에 들어온 고향의 모습이란 한결같이 사랑스럽고 자연친화적이며, 자아와 적극 소통하는 관계에 놓여 있다. 시인은 자신의 시선에 들어온 모든 것이 시의 소재로 된다고 했는데, 이런 의장은 이 작품에서도 예외가 아니다. 디테일에 대한 관심과 그로부터 형성되는 탁월한 미메시스가 있기에 고향의 세세한 모습이 이렇게 서정화되었을 것이다.

하지만 고향은 시인에게 늘상 긍정적으로 보이는 지대가 아니었다. 「신귀거래사」와 같은 고향의 모습도 있었지만, 그와 반대되는 세계 또한 엄연히 존재하고 있었기 때문이다. 고향이란 안온하고, 조화로운 것이어서 파편화된 자아에게 완결성이나 안정감을 주어야 함에도 불구하고 서정적 자아에게는 예외적으로 다가오는 고향의 모습이 제법 많이 존재했다. 시인의 시선에 다가오는 것들이 모두 시로 서정화할 수 있다는 것이 시인의 작가 정신이었기에 고향의 긍정적인 모습만이 아니라 현대사의 불온한 단면들을 간직한 고향의 모습 또한 작품 속에 틈입하여 들어오는 것은 어쩌면 당연한 수순이라 할 수 있을 것이다.

    천변 따라 연둣빛 버들잎은 나부끼고 있었다
    창밖으로 스크럼을 짠 대학생들이 몰려왔다 가기를 여러 날,
    가방을 책상에 부리기도 전에 닭 쫓기듯 쫓겨난 아침이었다
    머리칼도 보이지 않게 꼭꼭 숨으라는 선생님의 험악한 우격다짐,
    교문이 닫히는 둔중한 소리는 난생처음 듣는 황폐한 철시였다
    집어 삼킬 듯 시커먼 구름이
    플레어스커트 자락을 줄곧 뒤따라왔다
    집으로 돌아가는 길은

바닥을 훑리던 철심 박힌 군홧발 소리에 식은땀이 흘렀다
해를 등지듯 학교를 등진 그해 봄날은
마당 끝 장독대 조각조각 피어오르는 아지랑이처럼 지리했다
대문 밖 출입이 금지당한 그해 오월,
엄마 몰래 조각난 햇살이 내려앉는 마룻바닥에 교과서를 베개 삼아 누우면
지축을 울리던 총성이 이명처럼 들려오곤 했다
다시 교실로 돌아갔을 때
책상 하나가 흔적 없이 치워지고 없었다
시작과 끝을 알리는 종소리는 빈틈없이 울렸다
겁먹은 얼굴들이 잠깐씩 얽혀들곤 했지만
발설해서는 안 되는 금기처럼 누구도 안부를 묻진 않았다
교실 앞 수돗가 터질 듯 피어나던
넝쿨장미의 쑥 내민 붉은 혀,
꾹 다물어 핏물 고인 갈래머리들의 유약한 분노였고 분출이었다
세상을 깨우쳐 가려던 우린, 고1이였다
멀리 초록의 무등이 품 벌려 손짓하며 천변을 향해 급히 내달려오는 오월이었다

-「내 오월의 무등」 전문

이 작품은 1980년 5월의 광주 민주 항쟁을 묘사한 시이다. 작품의 말미에 "세상을 깨우쳐 가려던 우린, 고1이었다"라는 부분에서 알 수 있는 것처럼, 이 사건은 작가가 직접 체험한 영역을 서정화하고 있다. 그런데 과거 역사에 대한 서정화 작업은 여기서 그치지 않고 시인이 체험하지 않은 지대에 이르기까지 계속 뻗어나간다. 빨치산 후예들의 삶을 담은 「정령치」가 그러하고, 의병의 비극적 삶을 다룬 「만의총」이 또한 그러하다.

말하자면 고향은 평화라든가 조화와 같은 긍정적인 감수성만이 있는 곳이 아니고 그 너머의 세계도 켜켜이 쌓여 있는 곳으로 기억되고 있는 것이다. 역사의 부정적인 흐름들이 고향이라고 해서 비껴갈 수 있는 것이 아니기에 그 불온한 파편들이 고향의 구석구석에 튈 수밖에 없었던 것이고, 자아는 자기의 시선에 들어오는 대로 그 파편들을 꼭 붙들고자 했던 것이다. 그럼에도 불구하고 고향은 부정적인 것보다는 긍정적인 아우라로 작동하고 있었다.

    한 번쯤 고인다면 그게 당신이면 좋겠다고,

    터널을 지나자 희미한 맥박처럼 들려오는 소리
    시들었던 귀가 열린다
    산은 어둠을 입고 잠이 들었는지 고요하고
    몸빛 검은 양쪽 산을 끼고 얼마를 달렸을까
    다시 변주곡처럼 들려 나는

울창한 개굴개굴
각자의 슬픔인 듯,
종족의 슬픔인 듯,
밥물처럼 들끓어
깜깜한 여름밤을 다 떠메고 갈 듯 맹렬한 저 그악
흰 이마어 고인 단단한 어둠이 다 지워진다

늘 둥근 고요인 당신에게 가닿고 싶었던, 숨겨지지 않아
안달하는 한나절 그리움 같은
  모습은 없고 열망만을 밤하늘 가득 쏘아 올리는 밀집에
  발목이 쿡인 듯 차를 세우고
  논둑에 기대어
  긴 당신을 듣는다

희부연 무논 가득 얼비추는 가로등만 졸린 듯 껌뻑이고
시름에 잠긴 먼 하늘도
당신도,
말이 없다

―「고이다」 전문

  작품의 배경이 고향을 직접 언표하고 있진 않지만, 농촌의 일상을 묘사하고 있기에 「신귀거래사」의 연장선에 놓여 있는 작품이라고 이해해도 좋은 경우이다. 이 작품의 특징 역시 무엇보다 감각적인 것에서 찾아진다. 그러한 효과

를 드러내는 매개는 개구리의 울음소리이다. 서정적 자아는 개구리의 울음 속에 무조건 육박해 들어감으로써 그와 하나되는 서정적 황홀의 경지에 들어서게 된다. 이런 일체화야말로 나와 너의 구분이 없는 극적 순간, 서정적 순간이 아닐까 한다.

4. 소소한 바람, 그렇지만 위대한 서정

고향은 흔히 일상 너머의 세계로 이해된다. 그 초월의 지대란 다름 아닌 영원의 세계일 것이다. 인간이 영원을 그리워하는 이유는 자명하다. 스스로 조율해나가는 근대인의 자율성이 갖는 한계와 그에 따른 불안의식 때문이다. 그래서 존재론적 완성이나 피투된 실존의 한계를 벗어나기 위해 무언가 변치 않는 것들, 항구적인 것들에 매달리게 된다.

시인이 자신의 귀소할 공간이 어디에 있는 것인가를 묻는 것도 이 영원의 감각과 관련이 깊은 것이고, 폐허의 늪지대로부터 벗어나고자 하는 것도 마찬가지의 경우이다. 그러한 의도가 있었기에 서정적 자아는 「신귀거래사」를 쓰게 된 것이다.

고향이란 파편화된 사유를 치유하는 지대라고 했거니와 그러기 위해서 가장 필요한 것은 자아라는 고유성 내지 단일성으로부터 벗어나야 한다. 자아와 대상이 하나로 합일될 때, 비로소 자아의 완결성도 이루어질 수 있는 것이고,

또 영원의 정서도 얻을 수 있기 때문이다. 이와 관련하여 시인의 이번 시집에서 가장 주목해서 보아야 할 부분이 자아와 대상 사이의 거리를 좁히는 의장들이다. 「고이다」에서 드러난 것처럼, 자아와 대상 사이에 놓인 거리를 좁히기 위해서 시인이 의욕적으로 감행한 의장이 감각적 이미저리이거니와 '고이다'는 그러한 의장 가운데 하나이다. 하나가 되기 위한 여정을 위해서는 분리가 있어서는 곤란하다. '고인다'는 것은 합쳐진다는 뜻인데, 그렇다면, 이 작품에서 그러한 행위는 어떻게 가능한 것인가. 여기서 서정적 자아는 "한 번쯤 고인다면 그게 당신이건 좋겠다고" 했거니와 고인다는 것은 곧 당신과 하나 되는 상태를 말한다.

이번 시집에서 이렇게 하나 되는 감각의 파장들은 여러 담론의 층위들을 통해서 이루어지는데, 가령, '합치다'를 통해서 수태 가능한 여인으로 거듭 태어나는 것이나(「통정 마을」), '스미다'를 통해서 "문득 당신이 되는 일"(「스미다」) 등이 여기에 속한다. 하나의 동일체로 나아가기 위한 이런 행위들은 「느러지곡강에서」라는 작품에서 가장 극적으로 드러나게 된다.

담양의 용추봉이 발원지인 영산강은
드넓은 나주평야를 적시며 흐르다 넓어진 강폭으로 유속이 느려져 속도를 잃고
소낙비가 내려도 뛸 줄 모른다는 조선 양반님 같은 천하태평 걸음새 한량으로

옆구리 끼고 거느려 온 흙이며 모래며 식솔들, 힘에 부친 듯
예, 곡강에 이르러 한 호흡 가다듬고 심호흡을 하였다네
재빠르지 못하고 늘 부진아로 늦됨을 애태우며 숨 가쁘게 달려온 나를 부려놓고
느릿느릿 느린 뒷짐 진 선비의 한량스럼을 배워
느리고 느린 느러지 유속이고 싶네
세월이 퇴적되고 쌓이면 나도 느러지 같은 갸륵한 어떤 형상을 이뤄
두고두고 아껴가며 읽는 고전이 될는지
버리지 못하고 끌어온 슬픔의 잉여 퇴적물은 기필코 춤추는 뮤즈의 흰 발목 미라클이고 말,
느러지 전망대에 서서, 휘돌아 가는 천년의 영산강에 기대어
느린 적멸로 현묘한 버뮤다를 이루고야 말 창세의 기원을 꿈꾸는 강줄기처럼 나는,
영산강의 태연자약을 베껴 입을 테니, 느림의 미학으로도 낱낱이 아름다운 느러지의 오후여,
　　　　　　　　　　　　　－「느러지곡강에서」 전문

느러지곡강이란 영산강의 비경 가운데 하나인데, 나주시 동강면의 한반도 모형을 하고 있다고 한다. 시인이 이곳 출신이니 '느러지곡강'은 곧 시인의 고향과 겹친다. 영산강은 드넓은 나주평야를 적시며 흐르다 넓어진 강폭에 이

르러서는 유속이 느려져 속도를 잃고 천천히 흐른다고 한다. 여기서 강은 한 호흡을 가다듬고 심호흡을 했다는 것이고, 그 호흡을 통해서 한반도 모형이라는 비경을 만들었다는 것이다.

그런데 심호흡하는 영산강은 곧 서정적 자아 자신으로 스며들게 된다. "재빠르지 못하고 늘 부진아로 늦됨을 애태우며 슴 가쁘게 달려온 나를 부려놓고"에서 알 수 있는 것처럼, 자아는 곧 영산강의 일부로 스며들어 가는 것이다. 이런 동일화 전략은 작품의 마지막 부분에서도 드러나는데, "영산강의 태연자약을 베껴 입을 테니"가 그러한데, 베껴 입는다는 것은 곧 하나의 동일체가 되는 과정, 스며드는 일이 된다.

> 흙과 돌이 구르는 흙 마당을 갖고 싶네
> 오래오러 해가 들이치는 곳에
> 모양 고운 돌들로 기단을 쌓아 올리고
> 그 옛날 할머니와 어머니가 품어 키우던
> 장독대를 갖고 싶네
> 돌 틈새 형형색색 깨알 같은 꽃들을 심어
> 사철 돛피고 지는
> 마음의 곳간을 들이고 싶네
> 졸음이 쏟아질 것 같은 볕 좋은 날
> 각기 이름 붙여진 항아리들 뚜껑 열어
> 햇살이며 바람이 노닐다 가는

환한 동편을 열어 놓고 말겠네
그 곁 나도 키 작은 한 철 채송화로 기대어 앉아
한나절 젖은 몸 말리며
무르익은 청춘의 한 소절을 호명해 내어
서럽도록 어깰 떠는 꽃이파리 오후이고 싶네
그러다 어느 날
손닿지 않는 곳 누군가가 쓸쓸히 그리울 때면
그 옛날 할머니, 어머니처럼
허리 굽혀 항아리를 닦고 또 닦겠네
이마의 땀방울 훔치며
잘 사느냐고, 어룽지는 혼잣말의 안부를 건네며
향기롭게 익어가는 저물녘 발효를 몸에 들이고 싶네

유물로 남은 숨 쉬는 항아리처럼 깊어지고
깊어지고 말겠네

지나간 별빛들이 발효되는 독에 기대어
선잠 깬 눈물들이 익어가는 시간
달빛에 깊어지는 숨소리를
둥글어진 품 안으로 고스란히 품고도 싶었지
하, 들이고도 싶었지
−「소소한 바램」 전문

제목이 '소소한 바램'이라고 했지만, '위대한 서정의 바람'

이라고 해도 좋을 듯하다. 이 작품을 이끌어가는 힘도 이른바 스며들기, 혹은 합치기이다. 지금 자아는 "흙과 돌이 구르는 흙마당을 갖고 싶다고 하고 해가 들어오는 곳에 모래 기단을 쌓아 올리고 그 옛날 할머니와 어머니가 품어 키우던 장독대를 갖고 싶다"고 한다. 여기서 갖고 싶다고 하는 것은 소유의 욕망이기도 하지만, 자아의 전일성을 유지하고 싶은 욕망이기도 하다. 할머니가 어머니가 키우던 장독대를 갖고 싶다는 자아의 바람은 곧 그 대상과 자아가 하나로 되는 의장이기 때문이다.

모성적 상상력에 기반한, 고향에 대한 자아의 소유욕은 실질적인 공간뿐만 아니라 "사철 꽃피고 지는 마음의 곳간"에 이르는 형이상학적인 공간에까지 확대되기에 이른다. 이뿐만 아니라 "향기롭게 익어가는 저물녘 발효를 몸에 들이고 싶은"은 후각적 동일성으로까지 심화되기도 한다. 그러니까 자아는 '스미고', '들이고', '고이는' 감각적 행위를 통해서 대상과의 거리 좁히기에 나서는 것이고, 그 좁힘의 결과 대상과 하나가 되는 완벽한 동일체로 거듭 태어나고자 하는 것이다.

고향은 시인에게 정서적 동일체를 가져다주는 거멀못과 같은 기능을 한다. 자아는 그러한 고향에 '스미고', '들어가'는 행위를 통해서 대상과 하나가 되고자 한다. 자아가 이렇게 하는 이유는 분명하다. 대상과 하나로 겹쳐질 때, 대립이나 파편화된 정서는 사라지고 서정적 동일성을 만들어낼 수 있다고 믿기 때문이다. 그러기 위해 서정적 자아는 '스미고', '들이는' 감각적 행위뿐만 아니라 고향이 내포하고 있는 고유의 정서를 있는 그대로 자아에게 가져오고자 한다. 거기에는 가난을 승화하고자 했던 민담도(「돌독」) 있고, 영원한 사랑으로 나아가는 설화도 있다(「연리목」). 민담이나 설화가 영원의 영역이고 보면, 이런 시도는 '스미고', '고이는' 행위의 연장선에 놓여 있는 것이라 할 수 있다.

고향은 시인에게 자신이 태어난 생리적인 고향에서 그치는 것이 아니다. 그의 고향에는 피투된 존재의 한계를 초월시키는 역능이 있고, 파편화된 정서를 일체화시키는 매개도 있다. 시인은 그러한 고향과 어떻게든 하나가 됨으로써 실존의 한계, 혹은 존재론적 불구성을 뛰어넘고자 했다. 시인에게 고향이란 일상에서 걸러진 영원이었고, 시인은 그러한 고향을 자기화함으로써 그 자신만이 그려내는 영원의 세계로 들어가고자 했던 것이다.